AF558176

Thomas Lohrer

Marienkäfer, Glühwürmchen, Florfliege & Co.

Thomas Lohrer

Marienkäfer, Glühwürmchen, Florfliege & Co.

Nützlinge im Garten
Biologie • Ökologie • Pflanzenschutz

Illustriert von Karin Bauer

Inhalt

Liebe Leserin, lieber Leser,

»Jeder dumme Mensch kann einen Käfer zertreten, aber alle Professoren der Welt können keinen herstellen.«

Arthur Schopenhauer
(1788 – 1860)

Die Wertschätzung gegenüber der Natur, ihrer Flora und Fauna, steigt deutlich, wenn der Betrachter seine Umgebung nicht nur mit wachen Augen beobachtet, sondern er dies zusätzlich mit biologischem Hintergrundwissen verbinden kann. Wird dieses Wissen in einer kleinen Alltagsgeschichte verpackt, sollte sich eine günstige Kombination erzielen lassen – und genau diesen Weg versuchen wir, mit unserem Buch umzusetzen. Angesichts der Fülle an teils erstaunlichen Eigenschaften und Besonderheiten unserer Nützlinge im Garten werden sicher einige davon im Gedächtnis haften bleiben und vielleicht sogar als mögliche Favoriten weiter abrufbar sein. Mein persönlicher Favorit ist beispielsweise die erstaunliche Art und Weise, wie die Glühwürmchen ihre Beute, die im Garten so unliebsamen Schnecken, finden und ihr nachstellen (wie, verrate ich an dieser Stelle allerdings nicht, aber nach der Lektüre des Leuchtkäferkapitels wissen Sie mehr …).

Ein Buch über Nützlinge lässt vermuten, dass sich eine Zuordnung oder Abgrenzung zum Schädling – dem offensichtlichen Gegenteil – deutlich ziehen lässt. Dem ist bei näherer Betrachtung jedoch nicht immer so, da diese Einteilung stets vom jeweiligen Betrachter abhängt. So vertilgt der Asiatische Marienkäfer im Laufe seines Lebens nicht wenige Blattläuse, was den Hobbygärtner freut, andererseits verdrängt er aber als neue, invasive Art die bisher heimischen und etablierten

Marienkäferarten wie den Siebenpunktmarienkäfer, was dem Ökologen sicher gar nicht gefällt. Dieser wird der Bezeichnung »Nützling« in diesem Fall sicher nicht bedenkenlos zustimmen können – es bleibt am Ende also alles auch eine Ansichtssache wie so vieles im Leben.

Suchen Sie sich zum Lesen des Buches einen gemütlichen Platz, vielleicht sogar im Garten, und verlieren Sie sich etwas in der Welt der Nützlinge. Ob nun in der des bekannten Marienkäfers, der filigranen Schwebfliege, der unscheinbaren Florfliege, des geheimnisvollen Leuchtkäfers, des flinken Ohrwurms oder des prächtigen Laufkäfers: Wie in der Natur gibt es Neues zu entdecken, auch halten wir hoffentlich einige Überraschungen für Sie bereit. Und sollten Sie beim abendlichen Gespräch am Gartenzaun mit dem Nachbarn, im Gartenbauverein oder

bei anderen Diskussionen in geselliger Runde auf das Thema Nützlinge im Garten kommen, haben Sie hierzu nach der Buchlektüre sicherlich genügend kurzweiliges Hintergrundwissen gesammelt – es sollte uns jedenfalls wundern, wenn dem nicht so wäre.

Thomas Lohrer

Marienkäfer

»Aufgrund technischer Probleme erreichen wir Hamburg-Altona mit voraussichtlich dreißig Minuten Verspätung!« Die Durchsage hatte mich aufgeweckt. Ich saß im Zug auf dem Weg nach Kiel und musste offenbar kurz eingenickt sein. Noch etwas schläfrig blickte ich mich um. Die Plätze im Großraumwagen waren nur schwach besetzt und auf dem Platz mir gegenüber saß – getrennt durch einen kleinen Tisch – ein junger Mann, der offenbar erst kurz zuvor eingestiegen war. Er hatte seinen Laptop geöffnet und blickte recht angestrengt auf den Bildschirm. Dabei murmelte er undeutlich vor sich hin. Im Fenster spiegelte sich das Display seines Rechners und ich konnte aufgrund der sich wechselnden Seiten vermuten, dass es sich um eine Power-Point-Präsentation handeln könnte, wie sie bei Vorträgen recht häufig eingesetzt wird. »Proben Sie gerade einen Vortrag?«, sprach ich meinen Gegenüber fragend an. Er blickte von seinem Laptop auf, sah mich verblüfft an, fasste sich jedoch rasch wieder. »Ja, ja, da haben Sie recht«, entgegnete er, »ich bin zu einem Fachvortrag über Marienkäfer nach Hamburg eingeladen. Und ich versuche gerade, den Vortrag noch einmal im Kopf durchzuspielen. Aber ohne Publikum ist das eben nicht so einfach.« Dabei lächelte er etwas angestrengt. »Ich fahre nach Kiel«, sagte ich und blickte ihn freundlich an, »bis Hamburg haben wir aufgrund der Verspätung noch ausreichend Zeit. Marienkäfer würden mich auch sehr interessieren. Wenn Sie Lust haben, können Sie mir ja Ihre Präsentation vorführen und dazu erzählen, was Sie berichten wollen.« »Sie hätten wirklich Interesse daran?«, fragte er erstaunt. »Ja, bestimmt, das Thema ist für einen Hobbygärtner wie mich sicher sehr interessant«, sagte ich zustimmend und nickte. »Gut«, sagte mein Gegenüber sichtlich erfreut, »und wenn Sie Fragen und Bemerkungen haben, unterbrechen Sie mich einfach.« Und dann drehte er den Laptop etwas zu

mir um, setzte die Präsentation auf die erste Seite zum Vollbild und fing an, mir etwas gedämpft – um die anderen Zugreisenden nicht zu stören – seinen geplanten Vortrag zu erzählen.

Grundlagen und Wissenswertes

Das wissenschaftliche System der sogenannten Systematik beschreibt die Verwandtschaftsbeziehungen zwischen einzelnen Arten, um auf dieser Basis eine entsprechende Ordnung aufzustellen. Mit Blick auf unsere Marienkäfer ist es spontan nachvollziehbar, wenn wir sie im System der Insekten als eine gemeinsame Familie – eben der Marienkäfer – innerhalb der großen Gruppe der Käfer ansehen. Dieser Betrachtung schließt sich auch die Wissenschaft an und führte bereits 1874 für Marienkäfer die wissenschaftliche Familienbezeichnung *Coccinellidae* ein (sprich: Kok-si-nell-idä). Hinsichtlich der weiteren Unterteilung in Unterfamilien – meist wird von sieben ausgegangen – oder auch der Verwandtschaft untereinander oder zu anderen Käfern, beispielsweise den Blattkäfern, besteht noch keine abschließende Meinung. Dies muss uns aber zum Glück bei unseren weiteren Betrachtungen nicht stören. Interessant ist in diesem Zusammenhang vielmehr die Artenanzahl der Marienkäfer, insbesondere vor dem Hintergrund, dass diesbezüglich sicher viele ungläubig den Kopf schütteln werden: Weltweit sind derzeit über 5000 Marienkäferarten beschrieben worden, wovon bei uns in Mitteleuropa akzeptable 100 Arten leben. Damit ist auch klar, dass es neben dem bekannten Siebenpunktmarienkäfer *(Coccinella septempunctata)* und dem Zweipunktmarienkäfer *(Adalia bipunctata)* noch mindestens 98 andere Arten bei uns geben muss. Doch dazu später mehr.

Für die meisten Insekten, bei weitem aber nicht für alle, gibt es neben dem wissenschaftlichen Namen jeweils auch eine deutsche Bezeichnung. Manche Insekten besitzen, häufig auch lokal begrenzt, verschiedene Namen. Nur wenige tragen viele Synonyme, wobei Marienkäfer diesbezüglich eine extreme Vielfalt für sich in Anspruch nehmen können. Ende der 60er-Jahre wurden einmal alle Begriffe für »Marien-

käfer« zusammengetragen: Über 1700 Namen konnten aufgeführt werden. Da war die Rede vom Herrgottskäfer, Engelstierchen, Glückkäferle, Mähkälbchen, Sonnenkindchen, Sommergäulchen, Leußfresser, Graupelmiezchen oder auch Jesus-Chäferli. Sehr oft stehen die Namen dabei kirchlichen und religiösen Motiven nahe, aber auch unterschiedlichen Haustieren. Auch Assoziationen zum »Glück« gibt es viele, möglicherweise mit begründet durch die Glückszahl Sieben beim häufigen Siebenpunktmarienkäfer. Aber nicht nur im deutschen, sondern auch im beispielsweise englischen Sprachraum gibt es eine Reihe teils ähnlicher Namen (zum Beispiel lady-bird, lady-cow, lady-bug).

»Schon faszinierend«, unterbrach ich meinen Mitreisenden kurz, »aber gehen Sie auch noch auf die Entwicklung des Käfers ein? Er bildet doch eine Puppe, oder?« »Da haben Sie recht, auf die Entwicklung mit den einzelnen Stadien komme ich jetzt zu sprechen«, und damit fuhr er auch schon fort in seinem Vortrag.

Marienkäfer durchleben wie andere Käfer eine vollständige, sogenannte holometabole Entwicklung, beginnend beim Ei über in der Regel vier Larvenstadien und das Puppenstadium zum eigentlichen Käfer, der Imago.

Aufgrund der noch zu beschreibenden Vielfalt bei den erwachsenen Käfern wird es nicht verwundern, wenn auch die Eier eine gewisse Variabilität aufweisen, die sich aber in Grenzen hält.

Die Eier unserer klassischen Marienkäfer – hierzu zählen wir zum Beispiel den Siebenpunktmarienkäfer und den Zweipunktmarienkäfer – werden in kleinen Gelegen von bis zu 100, meist aber von 10 bis 30 Eiern bevorzugt auf die Unterseiten von Blättern abgelegt. Pro Weibchen können es je nach Marienkäferart und Nahrung insgesamt bis zu 1500 Eier sein. Diese sind gelblich gefärbt, bis zu 2 Millimeter hoch und in der Form oval bis lang gestreckt eiförmig. Die Eigelege vieler Blattkäfer, zum Beispiel der Erlenblattkäfer und Kartoffelkäfer, deren Larven durch Blattfraß schädigen können, sehen sehr ähnlich aus. Bei diesen sitzen die Eier jedoch mehr flach auf den Blättern. Oval spitz zulaufend sind sie hingegen bei den Eigelegen der Marienkäfer. Bei

manchen Marienkäferarten werden die Eier aber auch einzeln und liegend an Pflanzen abgelegt (zum Beispiel bei *Scymus*-Arten und *Rhyzobius*-Arten), manche Sonderlinge wie einige Arten, die sich auf Schildläuse spezialisiert haben (zum Beispiel *Chilocorus*-Arten), legen ihre Eier auch einzeln, dann jedoch gezielt an die Schilde ihrer Beutetiere ab. Über das Artenspektrum bei Marienkäfern unterhalten wir uns im Detail noch später (siehe Seite 18). Bei den genannten Sonderfällen sind die Eier auch nicht rein gelb, sondern eher blassgelb bis weißlich, teils auch orange gefärbt. Die genaue Marienkäferart lässt sich aufgrund der Eier, deren Größe, Form und Farbe allerdings nicht bestimmen. Eine Zuordnung zu den eingangs erwähnten Unterfamilien ist einem Fachmann angesichts des Aussehens der Eier jedoch möglich. Von der Eiablage bis zum Schlupf der Larve vergeht übrigens meist nur eine Woche.

Ganz anders zeigt sich die Situation bei den Larven, für die echte Bestimmungsschlüssel existieren. Sehen wir uns einmal eine typische Marienkäferlarve mit ihren Erkennungsmerkmalen an. Die typische Marienkäferlarve ist von länglicher Gestalt, walzenförmig und deutlich erkennbar in die drei Bereiche Kopf, Brust und Hinterleib gegliedert. Der Kopf ist recht kompakt und meist dunkel gefärbt, besitzt beißende Mundwerkzeuge und trägt zwei recht kurze Fühler. Der Brustbereich ist deutlich in drei Segmente gegliedert und trägt drei Beinpaare, die gut entwickelt sind und in der Aufsicht meist deutlich ins Auge fallen. Der Hinterleib besteht aus zehn Segmenten, die keine Beine tragen und zum Ende etwas schmäler werden. Mit Blick auf die Farben der Larven dominieren grauschwarze Töne, wobei auf dem Körper verteilt meist deutlich hellere, oft gelbe oder weiße Flecken auftreten. Der ganze Körper ist zudem von vielen Borsten bedeckt, die auf meist warzenähnlichen Strukturen sitzen. In der Summe zeigt sich somit ein vergleichsweise typisches Aussehen einer Marienkäferlarve, die frisch geschlüpft nur etwa 1,5 Millimeter klein ist, später jedoch bis zu einer Größe von 15 Millimetern, einem Vergrößerungsfaktor von zehn entsprechend, heranwächst.

Marienkäferlarven einiger Arten bedecken sich teils massiv mit einem weißen, flockigen Belag, dem unterschiedliche Funktionen nachgesagt werden, unter anderem Schutz vor Fressfeinden. Hierzu zählt beispielsweise die Larve des Australischen Marienkäfers *(Cryptolaemus montrouzieri)*, den wir später noch näher kennenlernen werden (siehe Seite 31). Die Larvenentwicklung dauert je nach Art und äußeren Umständen drei bis sechs Wochen.

Die Puppen von Marienkäfern können etwas fremdartig wirken und es kommt gar nicht so selten vor, dass sie bei einer Beratungsstelle mit dem Verdacht auf einen neuen Schädling abgegeben werden. In der Form sind die Puppen etwas gestaucht und wirken stets etwas schrumpelig bis aufgequollen. Meist wird die letzte Larvenhaut am Fuße der Puppe zusammengeschoben, sodass die eigentliche Puppe recht gut zu sehen ist. Einige wenige Arten, darunter auch unsere bereits erwähnten *Chilocorus*-Arten mit Schildläusen als bevorzugter Nahrung, verpuppen sich jedoch nahezu versteckt in der Haut des letzten Larvenstadiums. Übrigens, wenn Sie nicht sicher sind, beobachten Sie einfach die Puppe – meist dauert die Puppenruhe nur eine Woche, bis der Käfer schlüpft. Die Puppen selbst sitzen währenddessen an der Pflanze, also an Blättern, Trieben oder auch am Stamm, nicht jedoch im Boden.

»Wie war das noch mit dem Käfer«, sah ich ihn fragend an, »da gibt es doch den Hinweis mit den Punkten auf den Flügeldecken und seinem Alter. Stimmt das eigentlich?« »Nein, nein, das ist rein artabhängig«, sagte er, »das ist nur so ein nicht aussterben wollendes Gerücht, aber nehmen wir uns den Käfer doch gleich einmal als Ganzes vor.«

Im Vergleich zu anderen Käfern können Marienkäfer als eher mittelgroß eingestuft werden. Hinsichtlich der Größe bewegen sich die Tiere in einem Bereich von etwa 1 bis 12 Millimeter, wobei der allseits bekannte Siebenpunktmarienkäfer 5 bis 8 Millimeter groß und der Zweipunktmarienkäfer mit 3,5 bis 5,5 Millimeter etwas kleiner ist; vierzig Prozent aller Marienkäfer sind übrigens kleiner als 3 Millimeter. Die Unterschiede in der Größe können auch von der Menge an Nahrung abhängen.

Die äußere Form der Käfer ist deutlich oval bis rundlich, nahezu halbkugelig (teilweise findet sich deshalb auch der Name »Kugelkäfer«), wobei die Bauchseiten der Tiere stets flach sind. Der Kopf trägt Komplexaugen, zwei elfgliedrige Fühler, die zum Ende meist eine deutliche Keule ausbilden, sowie beißende Mundwerkzeuge, mit denen die Käfer ihre Nahrung aufnehmen. Beine und Flügel sind gut entwickelt. Marienkäfer haben wie alle Insekten sechs Beine und tragen als Vertreter der Käfer zwei verhärtete Flügeldecken, unter denen ein häutiges, in Ruhe gefaltetes Flügelpaar liegt. Recht auffällig ist meist die Färbung von Kopf, Halsschild und Flügeldecken, wobei die beiden letzteren oft deutlich anders gefärbt sind als der Kopf. Meist dominieren bei Halsschild und Flügeldecken die Farben Rot, Gelb, Schwarz sowie Weiß und Braun, wobei der Kopf im Vergleich oft dunkler gemustert ist, teilweise aber auch eine identische Zeichnung trägt. Die bekannten Punkte der Marienkäfer zeigen sich in unterschiedlicher Weise, von kreisförmig rund oder oval bis zu einem fleckigen Muster, und es gibt auch Arten, die keine Zeichnung aufweisen. Hinsichtlich der Farbzusammensetzung wirkt das Gesamtbild des Käfers sehr kontrastreich. Die Färbung innerhalb einer Art kann dabei sehr unterschiedlich sein. Während unser Siebenpunktmarienkäfer recht beständig in seinem Farbmuster ist, gibt es beim Zweipunktmarienkäfer eine scheinbar nicht enden wollende Vielfalt von Farbvarianten. Dies bedeutet im Umkehrschluss aber auch, dass die Artbestimmung eines Käfers allein über farbige Abbildungen rasch an ihre Grenzen stößt. Im Detail kann hierbei also nur die Bestimmung durch einen Fachmann helfen, der artkonstante Merkmale (zum Beispiel Fußgestalt oder Kopulationsorgane der Männchen) heranzieht. Die Unterscheidung in Männchen und Weibchen ist meist auch nur

mittels solch diffiziler Merkmale möglich. Tendenziell sind die männlichen Tiere etwas kleiner als die Weibchen. Bei unserem heimischen Siebenpunktmarienkäfer lässt sich aber dennoch anhand eines kleinen Merkmals sicher bestimmen, ob es sich im Einzelfall um ein männliches oder ein weibliches Tier handelt. Hierzu muss man die Tiere allerdings umdrehen und sich auf der Bauchseite die letzten Segmente am Hinterleib ansehen. Beim Männchen ist dort ein kleines Borstenbüschel sichtbar, das dem Weibchen fehlt. Ohne Lupe oder eine noch bessere optische Unterstützung ist dieses Merkmal allerdings nicht zu sehen. Nehmen wir es also als »interessant, aber praktisch kaum verwertbar« zur Kenntnis. Aber es reicht, um beim nächsten Treffen im Gartenbauverein für Gesprächsstoff zu sorgen.

Artenspektrum

»Sie haben ja schon zu Beginn gesagt«, unterbrach ich meinen Gegenüber, »dass bei uns etwa 100 Marienkäferarten vorkommen. Sie werden wahrscheinlich nicht beabsichtigen, alle Arten vorzustellen. Werden Sie wenigstens einige näher besprechen?« »Doch, schon«, entgegnete er, »ich dachte, ich werde einfach für elf Arten eine exemplarische Kurzbeschreibung liefern, die erkennen lässt, wie vielfältig doch – bezogen auf Größe, Färbung, Ernährung und Lebensraum – diese Käferfamilie ist. Über die deutschen Namen besteht übrigens teilweise keine Einigkeit, der wissenschaftliche Name ist im Zweifelsfall somit stets die bessere Wahl – auch wenn manche Namen nahezu unaussprechbar wirken.« Und damit zeigte er mir eine Artenliste, die er für den Vortrag als Kopie vorbereitet hatte.

Marienkäferarten

Körpergröße	Aussehen	Lebensweise
Vierundzwanzigpunktmarienkäfer		*Subcoccinella vigintiquatuorpunctata*
3 – 4 mm	rot mit schwarzen Flecken: 1 bis 3 Flecken am Halsschild, 24 auf den Flügeldecken; sehr variabel in der Färbung	kann als Pflanzenfresser viele Pflanzen schädigen
Glänzender Schlankmarienkäfer		*Coccidula rufa*
2,5 – 3 mm	einfarbig roter Körper; Körper deutlich lang gestreckt	lebt insbesondere am Schilf und überwintert auch dort; ernährt sich von Blattläusen
Fichten-Kugelmarienkäfer		*Scymus abietis*
2,2 – 3 mm	bräunlich gelber Körper	lebt auf Fichten; ernährt sich von Blattläusen und Milben
Schwarzer Kugelmarienkäfer		*Stethorus punctillum*
1,2 – 1,5 mm	Körper schwarz; Beine, Mund und Fühler gelblich gefärbt	lebt auf Laubbäumen (oft an Linden) und Sträuchern; ernährt sich von Spinnmilben und Blattläusen
Zweipunktmarienkäfer		*Adalia bipunctata*
3,5 – 5,5 mm	häufig rote Flügeldecken mit 2 schwarzen Punkten (Namensgebung!), manchmal auch mit schwarzen Flügeldecken, dann aber häufig mit 4 bis 6 roten Punkten; sehr farbvariable Art	sehr häufige Art; ernährt sich von Blattläusen (zum Teil auch von Spinnmilben und Pollen); überwintert gerne in Häusern; die dunklen Tiere vermehren sich stärker als hellere Tiere, überstehen den Winter aber aufgrund ihrer dunklen Farbe schlechter (sie heizen sich stärker auf und verbrauchen so mehr Energie)

Körpergröße	Aussehen	Lebensweise
Siebenpunktmarienkäfer		*Coccinella septempunctata*
5 – 8 mm	rote, teils auch gelbe Flügeldecken mit 7 schwarzen Punkten	sehr häufige Art; ernährt sich von Blattläusen, zum Teil auch von Schildläusen
Augenmarienkäfer		*Anatis ocellata*
8 – 9 mm	unverwechselbare Art; Halsschild stets schwarzgelb gefärbt, rote Flügeldecken mit 20 schwarzen, jeweils mit einem hellen Saum umgebenen Flecken; größter heimischer Marienkäfer	lebt bevorzugt auf Nadelgehölzen; ernährt sich von Blattläusen, zum Teil auch von Larven von Schmetterlingen und Afterraupen
Zweiundzwanzigpunktmarienkäfer		*Thea vigintiduopunctata*
3 – 4,5 mm	Körper gelb mit 22 schwarzen Flecken auf den Flügeldecken	lebt häufig auf Eichen; ernährt sich von Mehltaupilzen
Längsstreifiger Marienkäfer		*Myzia oblongoguttata*
7 – 9 mm	helle Streifen auf den rotbraunen Flügeldecken, große Flecken seitlich am Halsschild	lebt auf Nadelgehölzen; ernährt sich von Blattläusen
Rotfleckiger Kugelkäfer		*Chilocorus renipustulatus*
4 – 5 mm	Körper schwarz mit je einem roten oder gelben Fleck auf den Flügeldecken; nahezu kreisförmig in der Aufsicht	lebt auf Laubgehölzen (speziell am Stamm); ernährt sich von Schildläusen
Asiatischer Marienkäfer		*Harmonia axyridis*
6 – 8 mm	Halsschild oft mit typischer schwarzer M- oder W-Zeichnung auf weißem Grund; farblich sehr variabel	lebt an Bäumen und Sträuchern; ernährt sich von Blattläusen, teilweise auch von Schildläusen, Weißen Fliegen, Blattflöhen und Spinnmilben; eingeschleppte Art, ursprünglich in Ostasien beheimatet

Biologie und Ökologie

»Und jetzt kommt wohl der Jahreszyklus?«, fragte ich und deutete auf den Bildschirm, auf dem ein jahreszeitlich abgesetzter Kreis zu sehen war. »Genau«, erwiderte mein Gesprächspartner, »das war die Idee und dabei will ich auch gleich einige Hinweise zur Ernährung und zur Ortung der Beute einfließen lassen.«

Sehen wir uns also den Jahreszyklus eines klassischen Marienkäfers, unseres Siebenpunktmarienkäfers, einmal kurz an.

Grundsätzlich wird nur eine Generation pro Jahr durchlaufen, wobei die Käfer meist gesellig den Winter überdauern, beispielsweise an geschützten Stellen in der Bodenstreu, unter Laubhaufen oder auch in Gebäuden. Nach der Paarung im April oder Mai kommt es im Mai oder Juni zur Eiablage und anschließenden Larvenentwicklung. Ab etwa August treten dann nach der Verpuppung neben den »Eltern« auch die »neuen« Käfer auf. Die meisten Käfer leben nur ein Jahr, nur selten überleben sie auch einen zweiten Winter. Unter klimatisch günstigen Bedingungen, insbesondere in südlichen Ländern, werden auch zwei und mehr Generationen pro Jahr vollzogen.

Wie sich bereits bei der Artenbetrachtung gezeigt hat, sind nicht alle Marienkäfer ausschließlich auf Blattläuse spezialisiert. Einige ernähren sich auch von Spinnmilben oder Schildläusen, andere fressen sogar Mehltaupilze und echte Pflanzenfresser gibt es auch. Bei einer prozentualen Betrachtung aller mitteleuropäischen Marienkäferarten lassen sich die Anteile der Nahrungsgruppen an der Gesamtnahrung etwa wie folgt aufschlüsseln: 68 Prozent Blattläuse, 18 Prozent Schildläuse, 7 Prozent Pilze, 4 Prozent Pflanzen, jeweils 1 Prozent Blattflöhe, Weiße Fliegen und Spinnmilben.

Die Nahrung selbst ändert sich im Laufe der Entwicklung übrigens nicht, das heißt, Larve und Käfer fressen jeweils die gleiche Nahrung. Eine Nahrungsspezialisierung ist bei Marienkäfern meist nur mit einer gewissen Toleranz gegeben, das heißt, viele Blattlausfresser können »zwischendurch« auch Schildläuse oder Spinnmilben als Beute nutzen. Echte Nahrungsspezialisten gibt es nur wenige. Neben ihrer eigentlichen Nahrung nehmen viele Käfer (nicht hingegen die Larven) Pollen, teils auch Nektar, als zusätzliches Futter auf. Bei manchen Arten, wie dem Zweipunktmarienkäfer, nimmt Pollen im Frühjahr sogar einen deutlichen Anteil ein.

Wie finden Marienkäfer eigentlich Blattläuse? Wer diesbezüglich ein ausgeklügeltes Ortungssystem erwartet, wird leider auf der ganzen Linie enttäuscht – vereinfacht ausgedrückt, suchen Marienkäfer auf einfachste Weise, nämlich nach dem Zufallsprinzip: Sie laufen mehr oder weniger ungerichtet auf der Pflanze umher, orientieren sich dabei aber am Weg nach oben oder negativ geotaktisch, wie es in Fachkreisen heißt. Ein Marienkäfer sieht oder riecht eine Blattlaus erst bei sehr kurzen Entfernungen, gemessen wurden beim Siebenpunktmarienkäfer einmal 7 Millimeter als Grenze der Wahrnehmung, das heißt, bei weiter entfernt sitzenden Beutetieren läuft er ohne etwas zu merken einfach vorbei. Und dieser Abstand gilt bei Tag, also unter Lichtbedingungen. In der Nacht reduziert sich der Abstand auf 2 Millimeter. Im Dunkeln sind Marienkäfer also nahezu blind. Wurde die erste Blattlaus entdeckt, werden die Suchaktivitäten im näheren Umfeld dieser Beute allerdings stark erhöht. Hierbei kommt dem Marienkäfer entgegen, dass die meisten Blattläuse in Kolonien leben und die Trefferquote dort natürlich auch recht hoch ist. Irgendwie ist es fast wie beim »Schiffe versenken«. Nach dem ersten Treffer bleibt man erst einmal im näheren Umfeld und hofft auf den großen Wurf. Marienkäfer verhalten sich da nicht anders. Blattlaus ahoi!

Wer nun meint, dass Marienkäfer – um ihre Trefferquote zu erhöhen – recht aktive Tiere sind, sieht sich enttäuscht. Einen Großteil des Tages »verschlafen« die Tiere regungslos auf der Pflanze. Bei höheren Temperaturen werden sie aktiver, natürlich auch, wenn sie der Hunger treibt. Insbesondere von frisch geschlüpften Larven ist bekannt,

dass sie diese kritische Zeit – sofern »echte« Nahrung ausbleibt – durch den Verzehr von »Geschwister-Eiern« aus dem Gelege überwinden können, also durch Kannibalismus. Meist genügen dabei schon zwei Eier, um zumindest das zweite Larvenstadium sicher zu erreichen. Im Extremfall wäre sogar die vollständige Entwicklung bis zum Käfer über diesen Ei-Kannibalismus möglich, experimentell wurde sie zumindest belegt.

»Und welche Blattlausart gefressen wird, ist egal oder gibt es da Einschränkungen? In der Biologie ist ja vieles komplizierter, als es auf den ersten Blick den Anschein hat«, wollte ich von meinem Experten wissen. »Da haben Sie sogar mehr als Recht«, sagte er zustimmend, »Blattlaus ist wirklich nicht gleich Blattlaus – hier gilt es schon näher hinzusehen.«

Zu unterscheiden ist bei jeder Blattlaus fressenden Marienkäferart in Blattlausarten, die für die Entwicklung und Vermehrung zwingend notwendig sind, und in solchen Arten, die »nur« als Energielieferanten genutzt werden. Bei den letzteren Arten gibt es deutliche Unterschiede in der Verträglichkeit der Beute. Nennen wir ruhig einige Namen, dann wird es im Ganzen anschaulicher. So wird die Holunderblattlaus *(Aphis sambuci)* nur von wenigen Marienkäferlarven gut vertragen. Für manche ist sie, wenn die Käfer ausschließlich damit gefüttert werden, sogar tödlich – wie für unseren Siebenpunktmarienkäfer. Für andere Marienkäferarten sind wieder andere Läuse im Extrem tödlich und je nach Blattlausart kann die Entwicklung auch gefördert oder gehemmt werden. So ist beispielsweise die Larvenentwicklung beim Zweipunktmarienkäfer mit der Gefleckten Gewächshausblattlaus *(Aulacorthum circumflexum)* deutlich kürzer als mit der Schwarzen Bohnenlaus *(Aphis fabae)*. Zudem sinkt bei Ernährung mit der Gefleckten Gewächshausblattlaus die Sterberate der Larven und auch das Gewicht der späteren Käfer ist mit einem Plus von fünfzig Prozent deutlich höher als mit der Schwarzen Bohnenlaus. Wir wollen uns nicht in Einzelheiten verlieren, dieses Beispiel zeigt aber recht deutlich, dass nicht jeder Marienkäfer jede Blattlaus fressen kann und sich im Detail ein weites Feld an teils

komplexen Wechselwirkungen und Zusammenhängen öffnet.

Rasch drängt sich die Frage auf, wie viele Blattläuse von Marienkäfern im Laufe ihrer Larvenentwicklung beziehungsweise bei den Käfern als Tagesleistung gefressen werden. Eines sei gleich vorab angeführt: Einflussfaktoren gibt es viele, angefangen bei der Blattlausart, der Temperatur und Luftfeuchte bis hin zur Tageszeit. Proportional förderlich wirken unter anderem eine höhere Temperatur und eine geringere Luftfeuchte. Hinsichtlich der Menge werden von einer Larve in ihrer gesamten Entwicklungszeit 200 bis 600, im Extremfall auch bis zu 1300 Blattläuse vertilgt. Zu berücksichtigen ist dabei jedoch, dass etwa zwei Drittel bis drei Viertel dieser Blattläuse auf das letzte Larvenstadium entfallen. Die »Tagesleistung« eines Käfers, am Beispiel des Siebenpunktmarienkäfers, liegt bei 100 bis 150 Blattläusen. Mit Blick auf die erwähnte »effektive« Suche sicherlich ein beachtliches Ergebnis. Wenn man dies alles in eine Hochrechnung einfließen lässt, vertilgen alle Nachkommen eines Siebenpunktmarienkäfer-Weibchens in einer Vegetationsperiode rein rechnerisch etwa 130 000 Blattläuse. Angesichts dieser Zahlen ist sicher jeder Marienkäfer im Garten ein Glückskäfer.

Noch ein Wort zum Thema Marienkäfer *fressen* Blattläuse. Die Wirklichkeit sieht zumindest in Teilen etwas anders aus. Die jungen Larven beißen zwar zu, geben dann jedoch Verdauungssäfte nach außen ab, welche die Nahrung außerhalb vorverdauen. Erst diese vorverdaute Nahrung wird dann eingesaugt – praktisch als »Flüssignahrung«. Die Hülle der Blattlaus bleibt als Relikt zurück. Erst die älteren Larven und natürlich die Käfer selbst sind fähig, die Läuse auch als Ganzes aufzufressen, bei ihnen steht also eher feste Kost auf dem Speiseplan.

Marienkäfer zeigen bei einer mehr oder weniger heftigen Berührung übrigens ein auffälliges Verhalten. Sie fallen dabei in eine sogenannte

Thanatose, das einem Totstellreflex entspricht, bei dem sie sowohl Beine als auch Fühler in Vertiefungen an ihrer Unterseite drücken. Die Dauer dieses Zustandes hält meist nur wenige Minuten an. Wenn die Käfer zuvor auf einer nicht geraden Unterlage saßen, fallen sie dabei auch zu Boden. Zusätzlich tritt an den Beingelenken ein gelblicher, bitterer Saft, die Hämolymphe, aus. In solch einem Fall wird auch von »Reflexbluten« gesprochen. Als Grund für dieses Verhalten wird ein abschreckender Effekt auf mögliche Feinde der Marienkäfer vermutet. Die Fähigkeit zum »Reflexbluten« haben nicht nur Marienkäfer, auch andere, zum Beispiel Ölkäfer, Blattkäfer oder Weichkäfer, können »Blut schwitzen«. Die Menge des abgegebenen »Blutes« hängt dabei eng mit der Stärke der Störung zusammen. Auch bluten bei schwachen Reizen nur die Gelenke der Vorderbeine, bei einem starken Reiz setzt die Ausscheidung an allen Kniegelenken ein.

Marienkäfer als Schädlinge?

»Und der Marienkäfer als Schädling ist kein Thema, oder?«, wollte ich von meinem Gegenüber wissen. »Da haben Sie jetzt doch nicht genau aufgepasst«, sagte er und lächelte, »wie zu Beginn geschildert, gibt es auch einige wenige Arten, die sich ausschließlich von Pflanzen ernähren und somit nicht mehr als Nützlinge, sondern eher als Schädlinge angesehen werden können.«

Insbesondere drei Arten sind bei uns beziehungsweise in Mitteleuropa beim Thema Marienkäfer als Schädlinge zu nennen. Während der Ockerfarbene Marienkäfer *(Cynegetis impunctata)* nahezu ausschließlich an Gräsern (Familie der *Poaceae)* und der Zaunrübenmarienkäfer *(Epilachna argus)* an Gurkengewächsen (Familie der *Cucurbitaceae)* vorkommt, kann der Vierundzwanzigpunktmarienkäfer *(Subcoccinella vigintiquatuorpunctata)*, ein roter Käfer mit 24 schwarzen Flecken auf den Flügeldecken, an sehr vielen Pflanzen schädigend auftreten. Zu nennen sind unter anderem Luzerne *(Medicago)*, Klee *(Trifolium)*,

Seifenkraut *(Saponaria)*, Nelke *(Dianthus)*, Schleierkraut *(Gypsophila)*, Lichtnelke *(Silena)*, Dahlie *(Dahlia)*, Rübe *(Beta)*, Gänsefuß *(Chenopodium)*, Zaunrübe *(Bryonia)* und Melde *(Atriplex)*. Da der Käfer zeitweise häufig an Nelken oder Dahlien auftritt, trägt er teilweise auch den Namen »Nelkenmarienkäfer«. Das Fraßbild kann als Schabefraß bezeichnet werden, da der blattoberseits sitzende Käfer kleine Löcher in die Blätter frisst, dabei aber den unteren Teil der Blätter unbeschädigt lässt, sich somit eher weißlich, vertrocknete Stellen als Schadbild ausbilden. Sowohl Larven als auch Käfer können durch diesen Schabefraß schädigen, wobei sich die Larven im Gegensatz zu den Käfern bevorzugt auf den Blattunterseiten aufhalten. Die Larven des Vierundzwanzigpunktmarienkäfers besitzen dabei auffällig verzweigte Borsten auf dem Rücken (»Stachelschwein«). Außerhalb von Europa gibt es noch eine Vielzahl weiterer Marienkäferarten, die an Pflanzen schädigend auftreten können, unter anderem an Melone, Baumwolle, Kartoffeln und Tabak, beispielsweise in Australien, Nordamerika, Ostafrika, Mexiko, Japan und Ostasien.

Weinbauern sind insbesondere auf den Asiatischen Marienkäfer *(Harmonia axyridis)* weniger gut zu sprechen. Die Käfer nutzen im Sommer und Herbst nicht nur reife Früchte wie Pfirsiche und Äpfel als Nahrung, sondern sammeln sich zum Herbst auch in Weintrauben. Die Reben liefern den Tieren Schutz und Nahrungsquelle zugleich. Während der Weinlese verbleiben die Käfer jedoch in den Trauben und sondern dabei eine Schrecksubstanz ab (Alkylmethoxypyrazin). Dieser Warnstoff ist auch von anderen Marienkäfern bekannt, der Asiatische Marienkäfer sondert jedoch eine bis zu hundertfach höhere Konzentration ab. Diese Substanz sorgt bei der Weinherstellung für einen massiven Fehlton, der bei sensorischen Prüfungen von Wein zu dessen Abwertung führt. So leiden, sortenabhängig, neben dem allgemeinen Eindruck auch die Fruchtigkeit, die Würze und die Finesse des Weines. Geschmacklich kursieren Beschreibungen nach »angebrannter Erdnussbutter« oder auch »gekochtem Spinat«. Die kritische Käfergrenze in den geernteten Reben ist gering, so genügt bei Gutedel-Weinen bereits ein (!) Marienkäfer in einem Kilo Trauben, um die beschriebenen Geschmacksverirrungen zu erreichen.

Schutzmaßnahmen und gezielte Förderung im Garten

»Wir haben zuhause auch einen Garten«, sagte ich leise, da sich ein Mann am Nachbartisch schon mehrfach zu uns umdrehte, »was können wir denn tun, um Marienkäfer im Garten zu fördern oder ihnen zumindest das Leben etwas leichter zu machen?« »Das Spektrum an Möglichkeiten hält sich in Grenzen«, sagte mein Marienkäferexperte, ebenfalls mit gedämpfter Stimme.

Die möglichen Maßnahmen zum Schutz und zur Förderung von Marienkäfern ergeben sich aus der Biologie der Tiere. Insbesondere im Frühjahr sind die Käfer, speziell die Weibchen mit Blick auf die kräftezehrende Eiablage, auf Nahrung in Form von Blattläusen angewiesen, die sie beispielsweise in Hecken oder Beständen mit Brennnesseln in ausreichendem Maße finden. Ihr Vorhandensein ist somit stets an die Anwesenheit ihrer Beutetiere gebunden. Entsprechende Nischen sollte es deshalb stets im Garten geben, damit sich Marienkäfer ansiedeln können.

Ein Einsatz von Pflanzenschutzmitteln im Garten sollte – wenn überhaupt – nur sehr zurückhaltend durchgeführt werden. Dies gilt insbesondere für den Einsatz von Insektiziden, weniger von Fungiziden oder Herbiziden, die im direkten Vergleich miteinander geringere Nebenwirkungen auf die Tiere haben. Entscheidend ist jedoch immer der Blick auf die Gebrauchsanweisung des jeweiligen Produktes und der Verweis auf die Nebenwirkungen auf geprüfte Nützlinge. Derartige Prüfungen sind in Deutschland schon seit 1989 Pflicht (siehe hierzu auch Seite 155).

Über das Jahr betrachtet, sind jegliche Wildkrautstreifen oder Saumbiotope sowie Hecken und deren Besiedlung mit Läusen willkommene Lebensräume und Bedingungen für Marienkäfer. Zur Überwinterung können Hecken sowie Totholzbereiche, Steinhaufen und verwilderte Böschungen angeboten werden.

Einen ganz anderen Weg haben Forscher Anfang der 90er-Jahre in den USA gewählt. Sie haben verschiedene Kulturen mit Zuckerlösungen – die Marienkäfer mit Blattläusen und deren Honigtau verbinden – bespritzt und konnten so eine deutliche Anhebung der Marienkäferanzahl in diesen Bereichen erreichen.

Bau eines Marienkäferkastens

Ein im Garten an einem geschützten Platz aufgestellter Marienkäferkasten bietet den Tieren eine zusätzliche Möglichkeit sowohl zur Überwinterung als auch zum zwischenzeitlichen Aufenthalt. Mit solch einem Kasten ist es außerdem möglich, die Tiere an einer bestimmten Stelle zu konzentrieren. Im Vergleich zum Florfliegenkasten, bei dem es durch Studien belegte Vorlieben für bestimmte Bauweisen gibt (siehe Seite 76), sind beim Marienkäfer diesbezüglich keine detaillierten Untersuchungen bekannt. Die Spielwiese der praktischen Möglichkeiten zum Bau eines solches Kastens ist somit weniger eng begrenzt als beim Florfliegenkasten. Bewährt hat sich in der Praxis ein dem Vogelhaus ähnlicher Kasten, bei dem statt eines frontalen Einflugloches in die Bodenplatte (!) größere Löcher als Öffnungen gebohrt werden.

Material für den Bau eines Marienkäferkastens
Dach: 1 Brett, 14 × 14 cm
Seitenwände: 2 Bretter, 14 × 10 cm,
jeweils auf einer Länge auf 12 cm abgeschrägt
Rückwand: 1 Brett, 14 × 8 cm
Vorderwand: 1 Brett, 12 × 8 cm
Boden: 1 Brett, 8 × 8 cm, darin gleichmäßig verteilt
5 – 6 Löcher von jeweils 1 cm Durchmesser

Alle Bretter haben eine Dicke von 1 cm.
Als Material ist unbehandeltes Holz aus Kiefer oder auch Tanne geeignet.

Weiterhin werden benötigt:
1 Holzpfahl: 5 cm dick, etwa 1 m lang
Nägel oder Schrauben
eventuell ein Scharnier
für das Dach
Weizenstroh oder
Holzwolle als Füllung

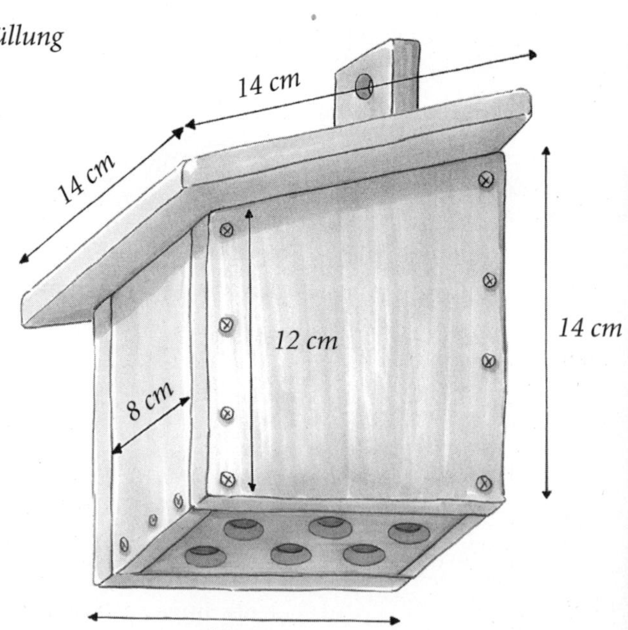

Bauanleitung

Zuerst nageln Sie an den Boden die Seitenwände (jeweils mit der abfallenden Schräge nach vorne) sowie die Rückwand und die Vorderwand an. Füllen Sie anschließend den Innenraum mit dem Weizenstroh, alternativ ist auch Holzwolle möglich. Verschließen Sie den Kasten dann mit dem Dach, das nach vorne leicht übersteht. Alternativ zum Annageln lässt sich das Dach auch mit einem Scharnier befestigen, das ein leichteres Befüllen (und später leichteres Erneuern der Füllung) des Kastens ermöglicht. Der Marienkäferkasten wird mit Hilfe von Schrauben an einem Pfahl befestigt und kann unmittelbar im Garten an einem nicht zu schattigen Platz aufgestellt werden.

Dieser Kasten wird nicht nur von Marienkäfern genutzt – also nicht wundern, wenn ihn beispielsweise auch Ohrwürmer nutzen. Reinigungsarbeiten sind nicht erforderlich. Im Bedarfsfall kann die Füllung im Frühjahr ausgetauscht werden. Übrigens: Wem der Eigenbau nicht liegt – schöne Marienkäferkästen gibt es auch fertig zu kaufen.

Aktiver Einsatz im biologischen Pflanzenschutz

> »Mein Nachbar hat in seinem Wintergarten einmal Marienkäfer gegen Schmierläuse eingesetzt«, berichtete ich, »das ging offenbar ganz prima.« »Da war er nicht der Erste«, erwiderte mein Gegenüber, »und angesichts der Bedeutung der Marienkäfer in der Natur als wichtige Blattlausgegenspieler mag es auch nicht verwundern, dass es schon früh erste Versuche und Ideen für eine gezielte Freisetzung gab.«

Obgleich die Idee einer biologischen Schädlingsbekämpfung nicht so neu ist – bereits im 13. Jahrhundert und früher gab es in China mit Weberameisen gegen Schildwanzen praktische Ansätze – gilt als wegbereitender Meilenstein weltweit insbesondere der erfolgreiche Einsatz von einem Marienkäfer gegen eine Schildlaus in den USA.

Es begann damit, dass es nach dem ersten Auftreten von *Icerya purchasi,* der in die USA aus Australien eingeschleppten Wollschildlaus, zu ernsten Schäden an Zitruskulturen, speziell in Kalifornien, kam. Der Befall erwies sich teilweise als so stark, dass der Anbau von Orangen und anderen Zitruspflanzen ganz in Frage gestellt wurde. 1888 reiste Albert Koeberle als Vertreter des amerikanischen Landwirtschaftsministeriums nach Australien, um dort nach natürlichen Feinden der Wollschildlaus zu suchen – mit der Idee, diese dann auch in die USA zu überführen und auf diesem Wege der Kalamität ein Ende zu bereiten. Noch im gleichen Jahr fand Koeberle in einem Garten in Nordadelaide einen Marienkäfer namens *Rodolia cardinalis* und schickte knapp dreißig Tiere in einer ersten Sendung zur weiteren Aufzucht in die USA. Nach ersten sehr erfolgreichen Versuchen unter kontrollierten Bedingungen wurde begonnen, die Käfer weiter gezielt in den verschiedenen Zitrusplantagen anzusiedeln. Auch dort konnte sich der Nützling in

der Natur etablieren und die Schildlaus sehr effektiv bekämpfen. Der große Erfolg des »Unternehmens Rodolia« machte rasch Schlagzeilen und führte dazu, dass derartige Freisetzungen auch in anderen Ländern durchgeführt wurden. Der biologische Pflanzenschutz war plötzlich in aller Munde. Weitergeführt mit einer erfolgreichen Freisetzung auf Hawaii im Jahre 1890 wurde dieser Marienkäfer in den folgenden fünfzig Jahren in rund vierzig Länder weltweit eingeführt, wobei er sich in rund drei Viertel der Länder auch in der Natur etablieren konnte.

Gezielt einsetzbar und käuflich zu erwerben, auch für den Hobbygärtner, sind hierzulande Marienkäfer gegen Blattläuse, Schmierläuse sowie Schildläuse (Adressen einiger Anbieter von Nützlingen finden Sie ab Seite 151). Auch hiermit wollen wir uns im Folgenden zumindest etwas näher beschäftigen.

Einsatz gegen Schmierläuse

Schmierläuse treten bei uns insbesondere im Gewächshaus oder auch Wintergarten auf und können vielen Topf- und Kübelpflanzen schaden, aber auch an Gemüsekulturen zu Schäden führen.

Gegen Schmierläuse kann der Australische Marienkäfer *(Cryptolaemus montrouzieri)* eingesetzt werden, der sowohl als Larve als auch als Käfer Jagd auf diese Läuse macht. Während sich der Käfer äußerlich eindeutig als Marienkäfer zu erkennen gibt und optisch ansprechend aussieht (blaue Flügeldecken, hellorange gefärbter Kopf und Rückenschild), ähneln die Larven durch ihre kompakten, weißen und leicht gekräuselten Wachsfäden sogar etwas ihren Beutetieren. Erforderlich für einen erfolgreichen Einsatz sind Temperaturen zwischen 22 und 25 °C sowie eine hohe Luftfeuchte von über 70 Prozent. Letzteres lässt sich zum Beispiel durch regelmäßiges Besprühen der Pflanzen erreichen (bei höheren Temperaturen am besten täglich), da die Tiere gerne Wasser trinken und anderenfalls rasch ihre Nahrungsaufnahme einstellen. Bestellt werden kann der Australische Marienkäfer sowohl als Larve als auch als Käfer und gefressen werden alle Entwicklungsstadien der Schmierläuse, obgleich die Eier bevorzugt verzehrt werden.

Neben den üblichen Einsatzhinweisen, die den Anleitungen der Nützlingsanbieter beiliegen, ist darauf zu achten, dass ein Einsatz nur bei einer höheren Dichte oder Anzahl von Schmierläusen erfolgreich ist. Zur biologischen Bekämpfung von nur einzelnen Schmierläusen sind andere Verfahren besser geeignet. Zu nennen ist für solch einem Fall insbesondere der Einsatz von speziellen Schlupfwespen *(Leptomastix dactylopii)*. Ach ja, im Freiland ist es dem Käfer bei uns für eine Überwinterung zu kalt, eine Etablierung in der Natur ist somit fürs Erste – auch mit dem Klimawandel im Rücken – nicht möglich.

Einsatz gegen Deckelschildläuse

Deckelschildläuse besitzen im Gegensatz zu den ebenfalls an Zierpflanzen auftretenden Napfschildläusen ein echtes, somit auch abnehmbares Schild. Sie saugen an Pflanzenzellen, scheiden jedoch keinen Honigtau aus, auch unterbleibt die Bildung von Schwärzepilzen.

Ein Einsatz gegen Deckelschildläusen ist mit zwei aus den Tropen stammenden Marienkäferarten möglich, mit *Chilocorus nigritus* und *Rhyzobius lophanthae*. Beide Arten sind 3 bis 4 Millimeter klein, wobei die erstgenannte Art deutlich schwarz glänzend gefärbt ist (der Kopf ist orange). Die zweite Art ist dunkelbraun, wobei in diesem Fall der gesamte vordere Teil des Käfers orangefarben ist. Die Larven beider Arten haben ein auffällig stacheliges Äußeres. Beide Marienkäferarten benötigen hohe Temperaturen (22 bis 30 °C) und sind hierzulande somit nur für einen Einsatz im Innenraum geeignet.

Einsatz gegen Blattläuse

»Und jetzt hätten wir noch etwas gegen Blattläuse, oder?«, sah ich meinen Käferexperten fragend an. »Das stimmt«, sagte er, »neben dem bekannten Siebenpunktmarienkäfer, dessen Zucht jedoch vergleichsweise teuer ist, wird meist der Zweipunktmarienkäfer zur Blattlausbekämpfung angeboten.«

Da die Käfer recht mobil sein können, den Ort ihrer Freisetzung oft rasch verlassen und somit eine kontrollierte Blattlausbekämpfung erschweren, wird häufig die Freisetzung von Larven favorisiert. Mit aus diesem Grund versuchte man in den 90er-Jahren, flügellose Zweipunktmarienkäfer zu züchten, jedoch ohne maßgeblichen Erfolg. Es bleibt also bislang beim bevorzugten Einsatz der Larven, die meist in Buchweizenspelzen oder Holzwolle verschickt werden. Diese werden dann einfach auf die Blätter gestreut und verteilt. Um ein Herabfallen zu vermeiden, empfiehlt es sich, die Pflanzen zuvor mit Wasser zu überbrausen. Hinsichtlich der Umweltbedingungen sind Temperaturen von 18 bis 30 °C und eine Luftfeuchte von 55 bis 75 Prozent möglich. Wie auch bei anderen Nützlingen sollte die Ausbringung nach zwei Wochen wiederholt werden. Ein Einsatz der Larven auf behaarten Blättern, zum Beispiel von Bohnen, scheitert jedoch, weil die Larven auf ihren Bauchseiten von den Pflanzenhaaren tödlich geschädigt werden.

In der Summe hat sich sowohl bei Versuchen als auch Erfahrungen in der Praxis gezeigt, dass der Einsatz von Marienkäfern gegen Blattläuse nicht in dem Ausmaß die Erwartungen erfüllt hat wie beispielsweise derjenige gegen Schildläuse, der wie geschildert bereits geschichtsträchtig mit der Bekämpfung der Australischen Wollschildlaus Ende des 19. Jahrhunderts begonnen hat.

Bei der Freisetzung von Nützlingen ist stets darauf zu achten, dass nur heimische, bereits etablierte Marienkäfer freigesetzt werden dürfen. Jeglicher Einsatz fremder Arten bedarf in Deutschland nach dem Bundesnaturschutzgesetz (§20d) einer gesonderten Prüfung und

Genehmigung. Ansonsten besteht die Gefahr einer »Verfälschung« der Fauna mit unkontrollierten Folgen. Geschehen ist genau dies mit der Zucht und dem Vertrieb des Asiatischen Marienkäfers *(Harmonia axyridis)*, der in benachbarten europäischen Ländern zum Verkauf angeboten und dann auch in Deutschland eingesetzt wurde. Rasch hat sich der Käfer Ende der 90er-Jahre auch im Freien etabliert, verdrängt bei uns teilweise andere heimische Marienkäferarten und tritt mittlerweile auch im Weinbau als echter Schädling auf, wie wir bereits gehört haben (siehe Seite 25).

»Also, ich muss sagen«, meinte ich, nachdem die Power-Point-Präsentation beendet war, »ich hätte nicht gedacht, dass das Thema Marienkäfer so viel an interessanten Inhalten bietet. Für die Zuhörer wird es bestimmt nicht langweilig werden.« »Das freut mich zu hören«, sagte mein Mitreisender. Und ich ergänzte: »Und wenn Ihnen beim Vortrag die Technik wider Erwarten einen Strich durch die Rechnung machen sollte, würde ich den Zuhörern die Inhalte einfach so mündlich erzählen. Das sollte auch gut ankommen.« Offenbar sichtlich ob meiner zustimmenden Äußerungen erleichtert, lehnte sich mein Gegenüber in seinem Sessel zurück und gab zu Bedenken: »Jetzt müssen wir nur noch halbwegs pünktlich in Hamburg ankommen.«

Glühwürmchen

»Das müssen Sie gesehen haben!« Unsere Nachbarin stand bei uns am Gartenzaun und sprach sichtlich begeistert über eine Leuchtkäferführung vom örtlichen Naturschutzbund, an der sie am Vorabend teilgenommen hatte. Ihre bisherigen Ausführungen klangen recht verlockend. »Das müssen Sie gesehen haben«, sagte sie noch einmal. »Alles war erleuchtet von den umherfliegenden Käfern, gespenstisch und romantisch zugleich.« Aufgrund meines fragenden Blicks ergänzte sie ihre Aussage gleich mit einem Nachsatz: »Übrigens fressen die Larven der Leuchtkäfer jede Menge Schnecken. Das wäre doch sicher auch etwas für euren Garten, oder?« Beim Wort Schnecke erwachte mein Interesse umso mehr. »Heute Abend ist noch eine letzte Führung. Um 21 Uhr ist Treffpunkt am Vereinshaus!« Mit diesem Hinweis entschwand sie wieder in ihrem Garten und ließ mich mit vielen Fragen im Kopf zurück. Beim Hineingehen in die Wohnung beschloss ich, zu dem Treffen zu gehen, mich aber noch etwas auf den Abend vorzubereiten. Etwas Zeit blieb mir noch. Rasch waren einige Bucheinträge und Seiten aus dem Internet gefunden, die mir zumindest einen ersten Einblick in das Thema Leuchtkäfer lieferten. Gleich im ersten Buch fand ich Hinweise zu einigen Grundlagen.

Grundlagen und Wissenswertes

Wissenschaftlich nüchtern als Leuchtkäfer oder auch mit dem systematischen Begriff *Lampyridae* (sprich: Lam-pi-ridä) beschrieben, tragen die Tiere im Volksmund Namen wie Glühwürmchen, Johanniswürmchen oder auch Sonnenwendekäferchen. In allen Namen steckt ein Funken Wahrheit, der sich leicht erklären lässt und uns bereits etwas in die Welt dieser sonst eher wenig bekannten Insekten eintauchen lässt.

Der Name »Leuchtkäfer« ist treffend gewählt, da alle Arten dieser weltweit etwa 2000 Arten umfassenden Familie die Fähigkeit besitzen, Licht auszusenden. Interessant ist dabei, dass nicht nur die erwachsenen Käfer, sondern auch die anderen Entwicklungsstadien – Ei, Larve – diese Fähigkeit besitzen und einsetzen.

Auch die wissenschaftliche Familienbezeichnung *Lampyridae* weist mit der Vorsilbe »Lamp«, die griechischen Ursprungs ist und »leuchten«, »glänzen«, »strahlen« bedeutet, auf diese Eigenschaft hin. Die Bezeichnung »Glühwürmchen« bezieht sich einerseits auf die Fähigkeit zu leuchten oder zu glühen, andererseits auf die Gestalt der Leuchtkäferweibchen, die ein wurmförmiges Äußeres und larvenähnliches Aussehen besitzen. Mit dem Namen »Johanniswürmchen« wird ebenfalls Bezug auf die Gestalt der Weibchen genommen (»Würmchen«), aber auch auf den Johannistag, den 24. Juni, verwiesen, da etwa zu dieser Zeit viele der leuchtenden Käfer am Abend zu sehen sind. Daneben ist »Johanniskäfer« in diesem Zusammenhang als Name verbreitet. Auch die Bezeichnung »Sonnenwendekäferchen« zielt in diese Richtung, da in diesem Fall der 21. oder 22. Juni, Tag der Sommersonnenwende, als Bezugspunkt zum Auftreten der Käfer für den Namen gewählt worden ist. Auch die im englischen Sprachraum üblichen Bezeichnungen (zum Beispiel »glow-worm«) haben ähnliche Namensableitungen wie im Deutschen.

Erstaunt über die ganze Namensvielfalt und ihre Ableitungen legte ich das Buch wieder beiseite. Der bereits ausgedruckte Leuchtkäferbeitrag aus dem Internet sollte mich dann etwas näher über die Artenvielfalt sowie das Vorkommen und Aussehen der Tiere aufklären.

Artenspektrum

Obgleich mit Schwerpunkt in den Tropen und Subtropen weltweit bisher rund 2000 Leuchtkäferarten bekannt sind, beläuft sich deren Zahl in Europa auf etwa 30, von denen in Mitteleuropa nur 3 (!) Arten auftreten. Auch wenn sich einige arttypische Merkmale nur bei näherer Betrachtung erkennen lassen, gibt es andere, die praktisch sofort zu erfassen sind – etwa, ob die fliegenden Männchen leuchten oder nicht. Die deutschen Namen der einzelnen Arten werden regional unterschiedlich benutzt. Wer sichergehen möchte, sollte versuchen, sich die lateinischen Namen der drei Arten einzuprägen.

Großer Leuchtkäfer

Die Weibchen des Großen Leuchtkäfers *(Lampyris noctiluca)*, auch bekannt als Großes Glühwürmchen oder Großes Johanniswürmchen, sind völlig flügellos und haben ein deutlich larvenähnliches Aussehen. Sie sind mit 15 bis 20 Millimeter Körperlänge deutlich größer als die nur 10 bis 12 Millimeter kleinen Männchen. Die Weibchen besitzen bauchseits am Hinterleib ein großes Leuchtorgan, bestehend aus zwei Leuchtbändern sowie zwei Leuchtflecken. Die Männchen sind geflügelt, tragen große Augen, leuchten jedoch nicht auffällig, da sie nur die beiden kleineren Leuchtflecke aus der Zeit als Larve »mitgenommen« haben, die nicht weiter auffallen oder ganz verdeckt sind.	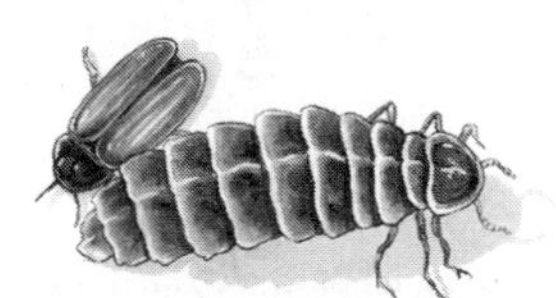

Kleiner Leuchtkäfer

Auch die Weibchen des Kleinen Leuchtkäfers *(Lamprohiza splendidula;* Synonym: *Phausis splendidula),* auch bekannt als Kleines Johanniswürmchen, sind von larvenähnlicher Gestalt. Sie sind mit 10 Millimeter Länge deutlich kleiner als die Weibchen des Großen Leuchtkäfers (Name!), haben hingegen winzige Flügelstummel, die es ihnen jedoch nicht ermöglichen, zu fliegen. Neben den Weibchen, die ähnlich wie die des Großen Leuchtkäfers gut ausgebildete Leuchtorgane besitzen, haben auch die Männchen des Kleinen Leuchtkäfers zwei deutlich ausgeprägte Leuchtbänder auf der Bauchseite des Hinterleibs. Bei den im Dunkeln leuchtend erkennbar umherfliegenden Käfern handelt es sich in der Regel also um Männchen des Kleinen Leuchtkäfers, da die Männchen des Großen Leuchtkäfers wie beschrieben im Dunkeln nahezu unsichtbar und die Weibchen aller drei Leuchtkäferarten flügellos sind oder nur funktionslose Flügeldecken besitzen und somit nicht fliegen können.	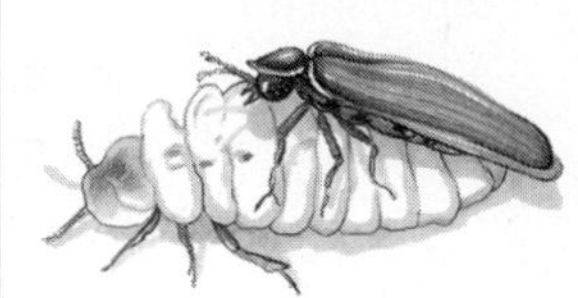

Kurzflügel-Leuchtkäfer

Der Kurzflügel-Leuchtkäfer *(Phosphaenus hemipterus)* ist eine eher seltene Leuchtkäferart und die kleinste der drei europäischen Arten, wobei die Weibchen mit 10 Millimeter Länge noch etwas größer sind als die 6 bis 8 Millimeter kleinen Männchen. In diesem Fall können weder die Männchen noch die Weibchen fliegen (!), wobei die Männchen stark verkürzte Flügeldecken besitzen und die Weibchen flügellos sind. Ein Leuchtvermögen ist vorhanden, wenn auch sehr schwach ausgeprägt.	

»Gott sei Dank«, dachte ich, »nur drei Leuchtkäferarten, das ist ja recht überschaubar.« So langsam wurde es draußen auch schon dunkel. Wenn ich zu dem Treffen nicht zu spät kommen wollte, musste ich mich jetzt beeilen.

Biologie und Ökologie

Noch pünktlich kam ich am Vereinshaus an. Wir waren eine bunt zusammengewürfelte Truppe aus etwa fünfzehn Glühwürmchen-Interessenten und hatten einen redseligen Begleiter, der uns zu Beginn der Wanderung erst einmal einige Grundlagen zur Entwicklung unserer Leuchtkäfer zu vermitteln versuchte. Da ich nichts verpassen wollte, blieb ich ihm dicht auf den Fersen.

Sehen wir uns einmal den Lebenszyklus eines Leuchtkäfers an.

Die Eiablage erfolgt im Sommer des ersten Jahres, dem sich die Überwinterung als Larve anschließt. Die weitere Larvenentwicklung dauert dann das gesamte zweite Jahr (teilweise auch noch ein weiteres Jahr), dem sich eine weitere Überwinterung als Larve anschließt. Wie alle Insekten mit einer vollständigen Entwicklung (siehe auch Seite 13) durchlaufen auch die Larven der Leuchtkäfer mehrere, in diesem Fall meist vier bis sieben, Larvenstadien, die durch Häutungen voneinander getrennt sind, wobei die Larven nach jeder Häutung an Größe zunehmen. Erst im Sommer des dritten Jahres (teilweise auch erst des vierten Jahres) erfolgt die Verpuppung zum Käfer. Dessen Lebensdauer ist mit zwei bis drei Wochen sehr kurz und dient nur der Arterhaltung.

Die Lebensweisen der Larven und Käfer sind sehr unterschiedlich. Während die Larven im Rahmen ihrer mehrjährigen Entwicklung eine rein räuberische Fress- und Wachstumsphase durchlaufen, leben die Käfer allein zum Zweck der Fortpflanzung und Vermehrung. Verständlich, dass bei den Käfern das Essen im Hintergrund steht, sogar in einer Art und Weise, dass die erwachsenen Tiere überhaupt keine Nahrung mehr zu sich nehmen und während ihrer kurzen Lebensdauer ausschließlich von körpereigenen Reserven zehren.

»Und über das Leuchten finden sich dann die Männchen und Weibchen?«, warf eine rüstige Rentnerin halb fragend, halb wissend in die Runde. Unser Begleiter nickte zustimmend.

Da die Zeit zur Partnerfindung, Paarung und Eiablage zeitlich recht beengt ist, sollten Leuchtkäfer über ein effektives »Partner-Finde-System« verfügen – und das haben sie in Form ihrer Leuchtfähigkeit auch tatsächlich gefunden. Sehen wir uns dies einmal bei unserem Großen Leuchtkäfer aus der Nähe an. Tagsüber sitzen die Tiere unbeleuchtet (!) und nahezu regungslos in ihren Verstecken unter Steinen, in der Bodenstreu oder bodennah im Grasgeflecht. Mit Einbruch der Dunkelheit, meist zwischen 9 und 10 Uhr am Abend, werden die wurmähnlichen Weibchen (Glüh*würmchen)* aktiv und beginnen zu leuchten. Häufig sitzen sie dann noch am Boden, klettern aber auch an Steinen oder Pflanzen einige Dezimeter in die Höhe, um so eine erhöhte Aufmerksamkeit zu erreichen. Da ihre Leuchtorgane auf der Bauchseite gelegen sind – in Form von zwei Leuchtbändern und zwei leuchtenden Flecken – heben sie ihren Hinterleib häufig in die Höhe, teils auch schwenkend, damit das Licht auch von oben erkennbar ist.

»Und wie können sie leuchten?«, fragte ein jugendlicher Teilnehmer, vermutlich noch Schüler, unseren Begleiter verschmitzt. »Einen Anschluss für eine Steckdose gibt es hier draußen sicher nicht und Batterien scheiden doch auch aus, oder?« Nachdem sich das Gelächter etwas gelegt hatte, blieb unser Experte auch in diesem Punkt keine Antwort schuldig, die er mit Blick auf den Fragenden ausführlich erläuterte.

Umschrieben wird dieses nächtliche Leuchten mit dem Fachbegriff der Biolumineszenz. Die Ursache dafür liegt in besonderen biochemischen Prozessen, die in den Zellen spezieller Organe, den Photocyten, ablaufen, die im Ergebnis dann das für uns sichtbare Licht erzeugen, wobei die Wellenlänge unserer heimischen Arten in Bereichen liegt, die ein gelbgrünes Licht zur Folge haben. Tropische Arten rufen ein rötliches, teilweise auch bläuliches Licht hervor.

Benötigt wird im Detail neben Sauerstoff ein spezieller Ausgangsstoff, Biochemiker sprechen von einem Substrat, dem Luciferin, das von einem Katalysator, einem Enzym mit Namen Luciferase, über mehrere Zwischenstufen zum Oxyluciferin umgesetzt wird. Neben diesen beiden Basisausgangsstoffen wird Energie benötigt, die in Form von ATP (Adenosintriphosphat), dem Kraftstoff jeder Zelle, bereitgestellt wird. Als Reaktion auf diese enzymatische Umsetzung wird ein »kaltes Licht« erzeugt, das heißt, bei dieser Reaktion wird nur ein sehr geringer Anteil der Energie in Wärme umgesetzt (2 Prozent). Ganz im Gegensatz beispielsweise zur klassischen Glühbirne, bei der die Lichtausbeute sehr gering ist, da nahezu die gesamte Energie (98 Prozent) in Wärme umgesetzt wird. Erkannt wurde dies recht früh, bereits der Naturwissenschaftler Ulisse Aldrovandi (1522 – 1605) hat in einer seiner Schriften festgehalten: »Sonderbarerweise verbrennt man sich nicht, wenn man die Tiere anrührt«.

Damit nun dieses Licht auch effektiv nach außen getragen wird, haben die Leuchtkäfer spezielle Organe, die funktionell in drei Teile gegliedert sind, aber eine Einheit bilden. Zum einen sind dies die eigentlichen, mittig im Hinterleib der Larven oder auch der erwachsenen Tiere auf der Bauchseite gelegenen Leuchtzellen, die das Licht bilden. Nach außen hin schließt sich an diese Zellen ein zu einem Reflektor umgebautes Gewebe an, das zu diesem Zweck viele Kristalle auf der Basis von Harnsäure enthält. Den Abschluss bildet eine äußere, durchsichtige, somit fensterartige Körperschicht, durch die das Licht nach außen gelangen kann.

Von den geschilderten, komplexen Abläufen im Innern der Leuchtkäfer bekommt der Betrachter verständlicherweise wenig mit. Auch besteht die Möglichkeit, dass die Faszination des Leuchtens ihren Zauber verliert, wenn die im Hintergrund ablaufenden Vorgänge derart rational ausgebreitet werden. Vergessen wir sie also einfach wieder – im Bedarfsfall können wir es immer noch einmal nachlesen.

Mit diesen Erklärungen wandte er sich wieder dem Rest der Gruppe zu. Mittlerweile waren wir auch am Zielort angekommen und wurden – hier hatte meine Nachbarin nicht zu viel versprochen – von den umherschwirrenden Lichtern am Boden und in der Luft eingefangen. Ergriffen blieben wir stehen, wurden aber durch unseren Experten in Sachen Leuchtkäfer rasch wieder aus unseren Gedanken zurückgeholt.

Zurück also zu unseren leuchtenden Weibchen und Männchen hier draußen im Feld. Die Weibchen sind recht ortstreu, das heißt, sie sitzen für einige Stunden, meist bis Mitternacht, an ausgewählten Stellen und tauchen am nächsten Abend – sofern noch keine Partnerfindung erfolgt ist – an nahezu den gleichen Stellen wieder auf. Aufgrund der begrenzten Kraftreserven ist verständlich, dass die Weibchen ihre Aktionsradien möglichst klein halten und keine größeren Wanderungen vollziehen.

Die flugfähigen Männchen werden ebenfalls erst am späten Abend aktiv und überfliegen den Pflanzenbestand in geringer Höhe von etwa

einem Meter. Mit ihren guten Augen, mit denen sie einen horizontalen Sehraum von 250 Grad und einen vertikalen Sehraum von praktisch 360 Grad erfassen können, machen sie sich auf die Suche nach einem Weibchen. Hat ein Männchen ein leuchtendes Weibchen gesehen, lässt es sich während des Überflugs nahezu senkrecht über dem Weibchen fallen. Dies geschieht, wie Versuche gezeigt haben, mit einer erstaunlichen Präzision. So landen über 65 Prozent der Männchen bei ihrem kontrollierten Absturz in einem Umkreis von etwa 3 Zentimetern von den Weibchen entfernt, die restlichen 35 Prozent landen maximal 20 Zentimeter von den Weibchen entfernt auf dem Boden. Die verbleibenden Zentimeter überwindet das Männchen zu Fuß, um sich dann mit dem Weibchen zu paaren. Kommt es in der ersten Nacht nicht zur Geschlechterfindung und Paarung, ziehen sich beide wieder in ihre Tagesverstecke zurück, um es in der nächsten Nacht aufs Neue zu versuchen. Begattete Weibchen, die sich auf die Eiablage vorbereiten, leuchten nicht mehr. Bei einer hohen »Trefferquote« von Weibchen und Männchen an einem bestimmten Standort kann das Leuchten der Glühwürmchen, der Weibchen, somit nach nur einer Nacht schon wieder vorbei sein. Schade für den Betrachter, aber biologisch ein voller Erfolg, da mit der Eiablage eine neue Generation Glühwürmchen heranwachsen kann.

> »Wie geht es nun weiter mit den Eiern?«, wollte ein Herr im mittleren Alter wissen, der genüsslich an seiner Pfeife zog.

Die Eier werden vom Weibchen wenige Tage nach der Begattung abgelegt. Auch bleiben die Tiere während der mehrtägigen Eiablage meist in unmittelbarer Nähe des Paarungsortes. Zur Ablage werden feuchte, geschützte Stellen etwa unter Steinen, direkt in der Erde oder im Wurzelbereich von Gräsern bevorzugt. Alle Eier werden einzeln oder in kleinen Gelegen abgelegt und mit einem klebrigen Tropfen am Ablgeort befestigt. Die Anzahl der abgelegten Eier steigt proportional mit der Größe der Weibchen, meist sind es sechzig bis neunzig Eier. Die Weibchen sehen nach der Eiablage stark verändert aus, da der durch die vielen Eier ehemals angeschwollene Hinterleib nun stark abgeflacht

ist. Die Lebensuhr der Weibchen läuft nach der Eiablage rasch ab, die Tiere sterben innerhalb weniger Tage. Die Männchen sterben zeitlich gesehen noch vor den Weibchen, da deren biologische Aufgabe nach der Paarung beendet ist.

Verfolgen lässt sich das Geschehen um die Eiablage praktisch nicht, da die Weibchen nach der Kopulation nicht mehr leuchten und das Ganze in der Regel in der Nacht geschieht. Die klebrigen Eier sind anfangs noch gelblich weiß gefärbt und recht empfindlich, erhärten jedoch schnell und färben sich rasch bräunlich. Aufgrund ihrer geringen Größe – ihr Durchmesser beträgt nur etwa 1 Millimeter – verschmelzen sie mit den Bodenpartikeln praktisch zu einer Einheit. Auch die Eier leuchten bereits, wobei es zu Beginn der Entwicklung nur ein diffuses Leuchten ist. Später, kurz vor dem Schlupf der Larven, wird es konzentrierter, da es bereits das Leuchten der schlupfbereiten Larve widerspiegelt. Je nach Temperatur schlüpfen die ersten Larven vier bis sechs Wochen nach der Eiablage. Eine biologisch erkennbare Bedeutung des Leuchtens der Eier und Larven ist – im Gegensatz zum Leuchten der erwachsenen Tieren – noch nicht abschließend geklärt. Vermutlich dient es der Abschreckung von Feinden. Frisch geschlüpft, messen die Larven unscheinbare 5 Millimeter und sind grau gefärbt, dunkeln jedoch rasch nach und erscheinen dann nahezu schwarz. Auffällig sind die hell, rötlich gelb gefärbten Hinterecken der einzelnen Segmente, die sich sowohl im Brustbereich als auch im Hinterleibsbereich der Larven zeigen und ihnen ein charakteristisches Äußeres geben. Dieses Aussehen behält die Larve bis zur Verpuppung, wobei sich ihr Gewicht bis dahin um etwa den Faktor 300 vergrößert und auch ihre Größe mit zum Schluss bis 25 Millimeter deutlich zunimmt. Angesichts dieser Dimension ist verständlich, dass die Larven reichlich Nahrung benötigen.

> »Was essen denn nun die Larven der Glühwürmchen?«, fragte ich unseren Begleiter. Mir ließ der Hinweis unserer Nachbarin zu den Schnecken keine Ruhe. Vielleicht lag hier die Lösung für unsere Probleme im Garten.

Die Larven ernähren sich in ihrem natürlichen Umfeld ausschließlich räuberisch von Nackt- und Gehäuseschnecken unterschiedlicher Arten. Bodenbewohnende Raupen oder Maden werden nicht verzehrt. Umfangreiche Freilandstudien zu den bevorzugten Schneckenarten fehlen, das beobachtete Beutespektrum ist jedoch offenbar nur wenig eingeschränkt, da Schnecken unterschiedlicher Gattungen auf dem Speiseplan der Larven stehen. Werden die Tiere in Gefangenschaft gefüttert, nehmen sie nahezu alle angebotenen Schneckenarten als Beute an. Geringe Einschränkungen bestehen allenfalls in der Größe, da im Vergleich zur Larve »nur« etwa maximal doppelt so große Schnecken verzehrt werden können. Bezogen auf das Gewicht können sogar Gehäuseschnecken überwältigt werden, die bis zu zweihundertmal so schwer wie die Larve sind. Größere Schneckenprobleme im Garten lassen sich auf diese Weise aber nicht wirklich in den Griff bekommen, weil das Problem in diesem Fall meist auf einige wenige Schneckenarten reduziert ist (zum Beispiel ein übermäßiges Vorkommen der Spanischen Wegschnecke), die Larven im Laufe ihrer Entwicklung jedoch ein Spektrum an unterschiedlichen Schneckenarten benötigen.

> Da entschwand er nun, mein Traum vom schneckenfreien Garten mit alleiniger Hilfe der Leuchtkäfer. Es wäre ja auch zu schön gewesen.
> »Wie findet so eine Larve denn im Dunkeln eine Schnecke? Also ich würde jetzt nicht einmal meinen Fußball hier am Boden wiederfinden«, gab unser jüngster Teilnehmer, ein Junge aus der Nachbarschaft, zu Bedenken. Eine gute Frage, dachte ich und war schon gespannt auf die Antwort unseres Begleiters – oder gab es hierzu etwa keine?

Der Lebensraum der Larven ist wie bereits erwähnt die Bodenoberfläche, auf der sie in der Nacht auf Schneckenjagd gehen. Angesichts ihrer schlechten Augen, mit denen sich allenfalls Helligkeitsunterschiede erkennen lassen, aber sicher kein Bild oder gar das Fokussieren auf eine in der Ferne im Dunkeln sitzende Schnecke möglich ist, bleibt wirklich zu klären, wie die Larven ihre Nahrung finden.

Die Lösung liegt im ausgeprägten Geruchs- und Geschmackssinn der Larven, der bei hoher Effektivität auf ein charakteristisches Schneckenmerkmal zugeschnitten ist: Schneckenschleim. Jede Schnecke sondert bekanntermaßen einen Schleim ab, auf dem sie sich fortbewegt. Leuchtkäferlarven sind fähig, diesen Spuren mit Hilfe ihrer geruchssensiblen Taster und Fühler praktisch blind zu folgen. Ein Entkommen ist für die Schnecke so eigentlich nicht mehr möglich. Bemerkenswert ist auch die Dauer der Wirksamkeit einer Schneckenspur für die Larven: In Versuchen wurden Zeiträume von über dreißig Stunden gemessen. Dies bedeutet, dass eine Schneckenspur, die bereits über einen Tag alt ist, immer noch von einer Leuchtkäferlarve als Fährte genutzt werden kann. Dann ist es nur noch eine Frage der Zeit, bis die Larve auf »ihre« Schnecke trifft.

> »Aber wie überwältigt nun – es ist ja immer noch dunkle Nacht – eine Larve so eine Schnecke?«, wandte sich ein kräftiger Mann fragend an unseren Glühwürmchenexperten. Sichtlich erfreut über das Interesse an Leuchtkäfern hatte unser Experte auch in diesem Fall Details aus seinem Wissensfundus parat.

Bei der Überwältigung ihrer Beute bedienen sich die Larven einer wirkungsvollen Waffe in Form einer Verabreichung von lähmenden und abtötenden Stoffen per Injektion. Vergleichbar einer Giftschlange ist in den beiden kräftigen, nach innen gebogenen Kiefern (Mandibeln) der Larve jeweils ein Kanal eingebunden, der diese Substanzen als Cocktail beinhaltet. Diesen gilt es der Schnecke nun an möglichst effektiver

Stelle zu verabreichen. Da sich die Nervenschaltzentrale einer Schnecke in ihrem Kopfbereich befindet, erfolgt der Bissangriff der Larve konsequenterweise auch an dieser Stelle.

Nach dem Auffinden der Schnecke wird diese im Dunkeln intensiv betastet und sobald die Larve das Vorderende der Schnecke erreicht, beißt sie diese mit ihren Kiefern in den Kopfbereich – dabei oft in Fühlernähe – und sondert dabei ihre Mixtur ab. Auf diesen Angriff reagieren Nacktschnecken mit heftigen Körperbewegungen oder dem Einziehen von Kopf und Fühlern.

Die Zahl der notwendigen Bisse, bis die Schnecke bewegungslos ist, schwankt je nach Größe der Larve sowie der Schnecke. Je nach Kombination genügt bereits ein Biss, teils sind aber auch vier bis fünf oder mehr Bisse beziehungsweise Injektionen notwendig.

Gehäuseschnecken ziehen sich nach dem ersten Biss häufig schützend in ihr Haus zurück, teils auch unter Bildung einer dünnen Schleimhaut als äußerer Begrenzung. Die Larve verlässt ihre geschwächte Beute jedoch nicht, sondern harrt lauernd bis zu zwölf Stunden im direkten Umfeld der Schnecke aus oder setzt sich häufig auch direkt »reitend« auf das Gehäuse. Sobald der Kopf wieder hervorkommt, setzt die Larve zum nächsten Biss an. Rasch setzt dann auch die Lähmung der Tiere ein und eine aktive Abwehr oder ein Rückzug ins Gehäuse ist nicht mehr möglich.

Da die Giftstoffe die Herzfrequenz der Schnecke stark absinken lassen, wird rasch die lebensnotwendige Grenze unterschritten und das Tier stirbt. Nacktschnecken sind deutlich empfindlicher gegenüber den Giftstoffen als Gehäuseschnecken. Nur selten, etwa nach langen Hungerperioden, erfolgt der Verzehr der Beute noch unmittelbar an Ort und Stelle. Häufiger wird die paralysierte Schnecke jedoch von der Larve an einen »sicheren« Ort transportiert.

Der Abtransport an eine geschützte Stelle erfolgt dabei rückwärts und ziehend in einer spannerartigen Bewegung. Dabei können durchaus Strecken von mehreren Metern überwunden werden. Je nach Größe der Schnecke kann es einige Tage dauern, bis die Larve diese vertilgt hat. Manchmal muss sie sich ihre Beute aber auch mit anderen Leuchtkäferlarven oder Ameisen teilen.

Trinken müssen die Larven der Leuchtkäfer übrigens nicht, ihren Wasserbedarf decken sie durch die gefressenen Schnecken.

»Und wie nehmen die Larven die Nahrung auf?«, warf eine junge Frau fragend in die Runde, während sie in ihr mitgebrachtes Butterbrot biss, »einfach zerbeißen und runterschlucken oder gibt es da auch etwas Besonderes?«

Bezüglich der Art der Nahrungsaufnahme gab es viele Jahre lang Unstimmigkeiten, ob die Larven ihre Beute nun »klassisch« klein beißen und herunterschlucken oder ob sie – wie es von Laufkäferlarven bekannt ist – Verdauungssäfte nach außen auf die Schnecke abgeben und die auf diese Weise vorverdaute Nahrung dann praktisch als flüssigen Brei aufnehmen (»extraintestinale Verdauung«). Experimente in den 60er-Jahren konnten jedoch klären, dass Letzteres nur sehr eingeschränkt erfolgt und die Mehrheit der Nahrung – stark zerkleinert – in kleinen Happen aufgenommen wird.

»Und Pflanzen werden wirklich nicht geschädigt?«, fragte ich unseren Naturschützer, »oder fressen sie dann doch an meinem Salat, wenn sich keine Schnecke findet?« Doch hier konnte er mich beruhigen.

Leuchtkäfer als Schädlinge?

Vergleichbar den Larven der Florfliege kann auch für die Larven der Leuchtkäfer – die Käfer nehmen wie geschildert überhaupt keine Nahrung auf – eine Entwarnung mit Blick auf mögliche Pflanzenschäden ausgesprochen werden. Die Larven ernähren sich rein räuberisch von Schnecken und nutzen Pflanzen – wie die erwachsenen Käfer – nur anderweitig, beispielsweise als Unterschlupf oder im Falle der paarungsbereiten Weibchen als »Hochsitz«. Interessant ist an dieser Stelle die Tatsche, dass die Larven der Glühwürmchen beim Fraß der Schnecken konsequent Darmbereiche ignorieren, in denen sich noch frische

Pflanzenreste befinden. Wenn die Tiere selbst in diesem Bereich pflanzliche Stoffe als Nahrung ablehnen, sind Pflanzen offenbar wirklich nicht gefährdet.

Schutzmaßnahmen und gezielte Förderung im Garten

»Wir wohnen recht nah am Waldrand und haben im Garten in diesem Jahr auch schon einige Glühwürmchen gesehen«, sagte nicht ohne Stolz eine ältere Teilnehmerin in unserer Runde, »gibt es etwas, das wir tun können, um sie zu fördern?« Auch hier konnte unser Glühwürmchenfreund einige Tipps und Hinweise geben.

Schutzmaßnahmen

Da die Partnerfindung über die Leuchtsignale der Weibchen erfolgt, ist es verständlich, dass die Männchen zunehmend Probleme bei der Lokalisierung ihrer Partnerinnen bekommen, je mehr fremde Lichtquellen und damit Störlichter in der Nacht auftreten. Auch die bevorzugt nachtaktiven Larven werden von der nächtlichen Beleuchtung gestört und in ihrer Aktivität behindert. Ziel sollte es somit sein, sowohl die Anzahl der künstlichen Lichtquellen als auch deren Leuchtdauer zu reduzieren. Auch sollte die Leuchtrichtung bevorzugt nach unten und nicht nach oben gen Himmel weisen. Dies gilt natürlich speziell während Zeiten der Partnerfindung, damit die fliegenden Männchen nicht geblendet werden. Zeitschaltuhren, Sensoren oder Bewegungsmelder können helfen, einen möglichen Kompromiss zwischen den menschlichen Wünschen und den Bedürfnissen der Leuchtkäfer zu erreichen.

Auf den Einsatz von Pflanzenschutzmitteln, insbesondere von Insektiziden und Molluskiziden, sollte man am besten verzichten oder den Einsatz stark begrenzen. Eine Verwendung im Garten gefährdet einerseits unmittelbar die Larven und die erwachsenen Leuchtkäfer und tötet andererseits deren Nahrungsgrundlage, die Schnecken.

Sind größere Schnittmaßnahmen bei Gräsern oder Kräutern erforderlich, sollte auf Schlegel- und Fadenmäher, insbesondere Motorsensen, zugunsten des Sensens per Hand oder des Balkenmähers verzichtet werden. Während der Leuchtperiode in den Sommermonaten (Juni und Juli) sollten Schnittmaßnahmen gänzlich unterbleiben.

Gezielte Förderung im Garten

Mit Möglichkeiten zum Verstecken und zum Unterschlupf in Form von Laub-, Stein- oder Asthaufen lassen sich Leuchtkäfer gezielt im Garten fördern.

Die Larven benötigen im Rahmen ihrer mehrjährigen Entwicklung unterschiedliche, kleinstrukturierte und mosaikartig angeordnete Lebensräume. Erforderlich sind sowohl weitgehend offene Bereiche im Garten, die sich im Bodenbereich rasch erwärmen, als auch feuchtschattige Stellen, die als Rückzugsgebiete während hochsommerlicher Temperaturen genutzt werden können. Hierzu gehören Trockenmauern, Streifen mit Wildkräutern oder Blumenwiesen sowie Hecken oder auch der Schatten in der Traufe eines größeren Laubbaums. In der Summe zeigt sich ein naturnaher und zugleich abwechslungsreicher Garten.

Über die Mobilität der Larven liegen bisher nur wenige Erfahrungen vor, offenbar werden aber bereits zum Ende der mehrjährigen Larvenzeit bevorzugt Stellen aufgesucht, die aus Sicht der späteren Männchen und insbesondere der flugunfähigen Weibchen als geeignet für Paarung und Eiablage angesehen werden. Insgesamt gibt es in diesem Bereich aber noch viele offene Fragen.

Mittlerweile war die Zeit deutlich vorangeschritten und wir befanden uns auch schon auf dem Rückweg. »Und wenn ich nun einige Tiere von hier mitnehme und im Garten bei uns aussetze, ist das auch möglich? Wäre doch praktisch, oder?«, regte der Herr mit der Pfeife an. Aber diesbezüglich machte unser Naturschutzexperte unseren Hoffnungen rasch ein Ende.

Der Wunsch nach Leuchtkäfern im Garten ist verständlich, abzuraten ist jedoch von der Freisetzung von Tieren – Larven oder Käfern –, die an anderer Stelle gefangen worden sind. Solche Ansiedlungsversuche, auch in einem scheinbar optimalen Umfeld, haben sich bisher meist als nicht erfolgreich erwiesen. Erklärungsansätze hierzu liefern unter anderem Feldstudien zu Leuchtkäfern, die beispielsweise zeigen, dass sich Weibchen, Männchen und die Larven der einzelnen Stadien nicht gleichmäßig in einem Areal verteilen, sondern jedes Entwicklungsstadium seine eigenen, teils noch unverstandenen Standortansprüche hat. Bevorzugt sollte die räumliche Anbindung zu einem bestehenden Leuchtkäfervorkommen gesucht werden, sodass eine Einwanderung der Tiere auf natürliche Weise möglich ist, die dann auch von Erfolg gekrönt ist. Hinsichtlich der Ausbreitung von Leuchtkäfern ist zu beachten, dass die begatteten Weibchen nicht flugfähig sind und ihre Eier somit nur im näheren Umfeld des Begattungsortes im Boden ablegen können. Straßen oder andere städtische Bauten stellen für ein Glühwürmchen, sei es nun Larve oder Weibchen, praktisch unüberwindbare Hindernisse dar. Eine Vernetzung von Grünflächen ist am ehesten ein Garant dafür, dass Leuchtkäfer sich weiter ausbreiten können – auch bis in Ihren Garten. In einigen Städten laufen bereits teils groß angelegte Projekte zur Förderung der Glühwürmchen, beispielsweise in Wien oder Zürich.

Aktiver Einsatz im biologischen Pflanzenschutz

> »Im Gartencenter habe ich im Frühjahr verschiedene Nützlinge gekauft, etwa Nematoden gegen Dickmaulrüssler. Ist schon einmal an einen Verkauf von Glühwürmchen zur Schneckenbekämpfung gedacht worden?«, wollte eine junge Frau wissen. »Als alleinige Maßnahme ist es ja wie gehört nicht ausreichend, aber als Zugabe wäre es doch eine Idee wert. Und nett anzusehen ist es doch auch.« Viele aus unserer Gruppe nickten zustimmend. Doch hier winkte unser Naturschützer energisch ab.

Die Larven der Leuchtkäfer wurden bisher noch nicht für den kommerziellen biologischen Pflanzenschutz zum Einsatz gegen Schnecken entdeckt. Ursachen hierfür sind sicher in den besonderen ökologischen Bedürfnissen der Tiere an ihren Lebensraum und in der bisher nicht oder nur schwer zu erreichenden künstlichen Anzucht der Larven zu suchen. Da die Larven außerdem nicht selektiv gegen die wichtigste

Schadschnecke im Garten, die Spanische Wegschnecke, sondern vergleichsweise breit gegen die unterschiedlichsten Nackt- und im Garten weniger problematischen Gehäuseschnecken vorgehen, werden Glühwürmchen als Eintrag auf den Listen der Nützlingsanbieter vermutlich auch in Zukunft fehlen. Vielleicht ist es auch besser so und Glühwürmchen bleiben einfach »Natur pur«.

Mittlerweile hatten wir, leicht fröstelnd, auch wieder unser Vereinsheim erreicht und mit einem netten Gruß entließ uns unser Glühwürmchenexperte in die Nacht. Es war jetzt wirklich spät geworden, aber der Abend hatte sich in jeder Hinsicht gelohnt. Während ich noch überlegte, wie ich den Abend beschließen könnte, kam mir die Idee, jetzt im Garten noch ein paar Schnecken abzusammeln. »Um diese Uhrzeit sind sie bestimmt schon aktiv«, dachte ich. »Nur schade, dass ich den Trick der Leuchtkäferlarven mit der Schleimspur als Fährte nicht lernen kann«, schmunzelte ich in mich hinein und sah mich gedanklich schon schnuppernd am Boden liegen.

Florfliege

Plötzlich sitzt sie da. Einfach so. Auf dem Fensterrahmen am geöffneten Küchenfenster. Zwar etwas unbeholfen, aber schön anzusehen mit ihren großen, grün schimmernden und netzartig aufgebauten Flügeln und den goldglänzenden Augen.

Ein kurzer Blick in einen kleinen Insektenführer im Bücherregal bestätigt unsere Vermutung, dass es sich um eine Florfliege handelt. Aus Interesse werfen wir zusätzlich noch einen Blick in den »Duden«, der zu unserem Erstaunen aber keinen Eintrag zum Wort »Florfliege« enthält. Die Bedeutung dieses Insektes als Nützling darf aufgrund des fehlenden Wörterbucheintrages im Umkehrschluss aber nicht unterschätzt werden. Im Gegenteil, zusammen mit den Marienkäfern und den Larven der Schwebfliegen gehören die Florfliegen zu den »Großen Drei« unter den Nützlingen in unseren Gärten.

Da die wenigen Zeilen im Insektenführer unseren Wissensdrang nicht befriedigen konnten, sehen wir uns dieses filigrane Insekt, das im Volksmund auch als Goldauge bekannt ist, einmal näher an. Und mit etwas Glück bleibt unser Fund auf dem Fensterrahmen noch ein Weilchen sitzen, dann können wir manches auch direkt am Objekt in Augenschein nehmen.

Werfen wir zu Beginn einen kurzen Blick auf die systematische Einordnung der Tiere und sehen uns dann die Florfliegen selbst und ihre einzelnen Entwicklungsstadien einmal genauer an. Wer weiß, vielleicht haben wir die Larven und Eier der Florfliege ja unbewusst auch schon einmal beobachtet. Wir werden sehen.

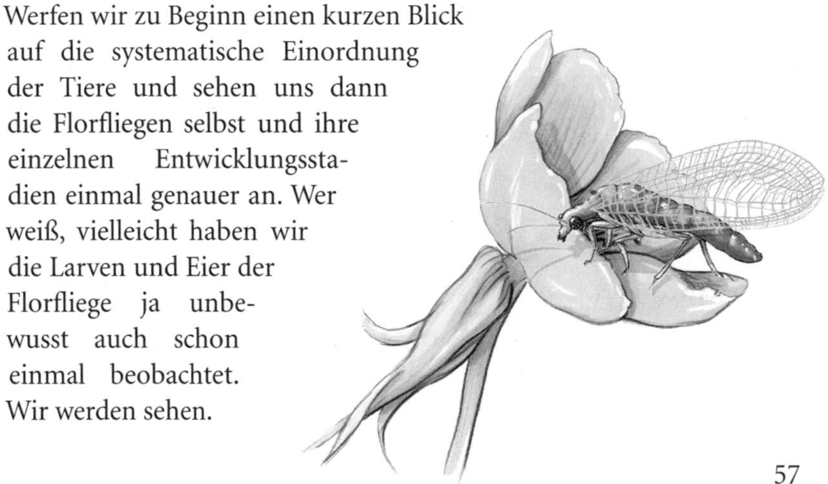

Grundlagen und Wissenswertes

Die Systematik der Florfliegen und der ihnen ähnlichen Arten ist komplex, sodass wir uns im Folgenden nur auf die wichtigsten Zusammenhänge beschränken wollen.

Die erste systematische Zuordnung erfolgte von dem berühmten Botaniker und Systematiker Carl von Linné (1707 – 1778) etwa in der Mitte des 18. Jahrhunderts. Er fasste die Florfliege aufgrund ihrer netzartig aufgebauten Flügel zusammen mit vielen anderen Insekten – Eintagsfliegen, Steinfliegen, Staubläusen, Libellen, Köcherfliegen – zur Gruppe der Netzflügler *(Neuroptera)* zusammen. Nach heutigem systematischen Verständnis gehören zu den Netzflüglern im weiteren Sinne drei Ordnungen. Zu nennen sind die Schlammfliegen, die Kamelhalsfliegen und die Echten Netzflügler. Letztere umfassen weltweit etwa 5500 Arten, wobei in Mitteleuropa etwa 120 Arten aus insgesamt acht Familien vorkommen. Eine dieser Familien ist die Familie der Florfliegen, der *Chrysopidae* (sprich: Krü-so-pi-dä), mit der wir uns nun näher beschäftigen wollen. In Mitteleuropa wurden bisher etwa 35 Florfliegenarten beschrieben. »Die« Florfliege gibt es also nicht, vielmehr tummeln sich in unseren Breiten verschiedene Arten, die nur auf den ersten Blick alle ähnlich oder gleich aussehen.

> Wie sieht sie nun aus, eine Florfliege und was sind ihre äußeren Merkmale? Unser Exemplar sitzt zum Glück immer noch scheinbar teilnahmslos auf dem Fensterrahmen. Werfen wir bei dieser Gelegenheit also zunächst einen Blick auf die erwachsenen Tiere, denen wir im Garten auch weitaus häufiger als den Larven begegnen, da sich diese – wie wir noch sehen werden – durch eine eher versteckte Lebensweise auszeichnen.

Wie es sich für einen Echten Netzflügler gehört, besitzen Florfliegen vier dünnhäutige, in der Regel grün gefärbte Flügel, die von einem Netzwerk aus feinen Längs- und Queradern durchzogen sind. Aufgrund der Ähnlichkeit mit einem zarten Flor hat sich so auch die deutsche Bezeichnung »Florfliege« eingebürgert – wobei es sich bei diesem Tier nicht um eine Fliege im eigentlichen Sinne handelt, da diese stets

nur zwei Flügel tragen, unsere Florfliegen aber deutlich sichtbar immer vier davon besitzen. Die Flügel sind langoval und überragen den Hinterleib des Tieres deutlich. Sie werden in Ruhe dachförmig über dem Körper abgelegt, sodass die Oberseiten nach außen zeigen, und können nicht, wie beispielsweise beim Ohrwurm, gefaltet, sondern stets nur als Ganzes abgelegt werden. Je nach Beleuchtung schillern die Flügel sehr schön in allen Regenbogenfarben. Auch bei unserem Tier können wir diese Merkmale mit wenigen Blicken rasch erfassen.

Am Kopf sehr auffällig sind die großen, metallisch glänzenden, kugeligen Augen, die auch den Namen »Goldauge« als Synonym für Florfliege begründet haben.

Ebenfalls am Kopf entspringen die beiden langen, fadenförmigen Fühler, die jeweils auf einem dickeren Basisglied sitzen.

Die Beine der Florfliegen sind als klassische Schreitbeine ausgebildet, wobei sich an den letzten Fußgliedern Haftlappen befinden, die es den Tieren erlauben, auf allen Flächen – auch kopfüber – sicher zu laufen und sich zu bewegen.

Manche Florfliegengattungen tragen in der Vorderbrust Stinkdrüsen, deren Duft man wahrnimmt, wenn man eines der Tiere einmal vorsichtig in die Hand genommen hat. Daraus hat sich im Volksmund auch der Name »Stinkfliege« als weitere Bezeichnung für die Florfliege abgeleitet.

Um unseren kleinen Freund nicht gleich zu verschrecken, wollen wir diesen Punkt einmal ungeprüft lassen – zudem sind die Tiere recht filigran und leicht zu verletzen und wir brauchen unser Anschauungsobjekt noch eine Weile.

Die Frage, ob es sich um ein Männchen oder um ein Weibchen handelt, ist nicht so leicht zu klären. Dazu müsste man das Tier umdrehen und sich das Ende des Hinterleibes näher ansehen. Während man – vereinfacht ausgedrückt – beim Männchen eine größere Platte mit zwei seitlichen Halbkreisen zu sehen bekommt, sind beim Weibchen mittig zwei getrennte Öffnungen, die Geschlechts- und die Afteröffnung, zu erkennen.

Die Größe der Florfliegen, bezogen auf die Länge der Vorderflügel, schwankt im Bereich von 6 bis 35 Millimeter. Die häufigste und zugleich bekannteste Art *Chrysoperla carnea* hat eine Länge von 7 bis 15 Millimeter.

Kommen wir nun zu den Eiern der Florfliegen. Vielleicht werden wir »Ach, die habe ich schon einmal gesehen« sagen und uns erinnern, dass wir uns damals gefragt haben, was das wohl sei.

Die weißlich gefärbten, oval geformten Eier der Florfliegen sitzen meist einzeln, teilweise auch in Büscheln an längeren, flexiblen dünnen Stielen, die bevorzugt auf der Unterseite von Blättern oder auch an anderen Stellen abgelegt werden. Obgleich die Eier mit einer Größe von etwa 1 Millimeter recht klein sind, fallen sie dem Betrachter durch ihre erhöhte Position – die Stiele sind meist 2 bis 4 Millimeter lang – rasch ins Auge. In der Regel werden die Eier in kleinen Gelegen mit bis zu 16 Stück, teilweise auch bis zu 40 Stück abgelegt.

Florfliegen bilden somit charakteristische Eigelege, die bei Unkenntnis für Irritationen sorgen können. Unseren Ahnen ging es da nicht besser, früher wurden die Eier sogar für pilzartige Strukturen gehalten und erhielten mit *Ascophora ovalis* auch einen eigenen lateinischen Artnamen. Erst seit 1737, durch die Beschreibung des Naturforschers René-Antoine Ferchault de Réaumur (1683 – 1757), ist klar belegt, dass es sich um Eier handelt, aus denen junge Florfliegenlarven schlüpfen.

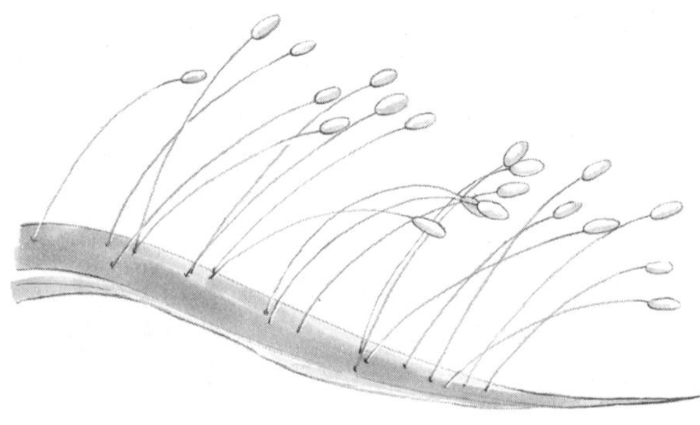

Frisch geschlüpfte Larven von beispielsweise *Chrysoperla carnea* messen etwa 2 Millimeter, erreichen später jedoch eine Länge von etwa 8 Millimetern. Die kräftigen Larven sind schlank, langgestreckt und meist braungrau gefärbt. In ihrem Aussehen erinnern sie etwas an Krokodile. Auffällig sind zwei nach vorn gerichtete, innen ohne Zähne versehene, längere und deutlich nach innen gebogene Saugzangen, die nur wenig von den beiden Fühlern überragt werden. An den Seiten von Brust und Hinterleib befinden sich lang behaarte Höcker, die an Warzen erinnern.

Durch diese Merkmale ergibt sich ein recht charakteristisches Aussehen. Aufgrund ihrer räuberischen Lebensweise wurden die Larven bereits früh als »Blattlauslöwen« bezeichnet, ein Begriff, der erstmals von dem bereits erwähnten Naturforscher Réaumur Mitte des 18. Jahrhunderts eingeführt wurde (»Lions de pucerons«). Noch nie gesehen? Kein Wunder, die Tiere sind – so viel sei schon als Vorgriff auf das Kapitel Biologie und Ökologie (siehe Seite 66) verraten – nachtaktiv und leben auch sonst sehr gut versteckt.

Die Florfliegenpuppe zeigt sich als länglich kugeliger, dicht gewobener Kokon, der von einem dünnen, grobmaschigen Netzwerk umgeben ist. Errichtet werden diese, je nach Florfliegenart etwa 1 Zentimeter großen Ballen auf Blättern, unter loser Borke oder auch nur auf dem Boden. Aus diesem Kokon schlüpft allerdings nicht unmittelbar die Imago, also die erwachsene Florfliege, sondern erst eine Vorpuppe, die sich außerhalb des Kokons innerhalb kurzer Zeit zum erwachsenen Tier häutet. Bei dieser Entwicklung vom Ei zum erwachsenen Fluginsekt handelt es sich also um einen vollständigen Entwicklungszyklus mit einem Puppenstadium.

Wie wir sehen, genügt es nicht, sich nur ein einziges Erscheinungsbild einzuprägen, wenn wir Florfliegen im Garten erkennen wollen, sondern es gilt in diesem Fall, alle Entwicklungsstadien zu verinnerlichen. Ob unsere Florfliege eigentlich weiß, dass sie früher einmal eine gänzlich anders als jetzt aussehende Larve war?

Artenspektrum

Auch wenn die bei uns heimischen Florfliegenarten auf den ersten Blick recht ähnlich aussehen, lassen sich etwa 35 Arten unterscheiden. Erweitert man das Areal auf ganz Europa, gibt es etwa 60 Florfliegenarten. Diese Zahlen verblassen allerdings gegenüber den insgesamt 1200 weltweit in Gärten, Wiesen, Wäldern und Parks vorkommenden Arten. Egal in welche Region der Welt der Urlaub in diesem Jahr also gehen sollte, die Wahrscheinlichkeit ist groß, dass wir dort ebenfalls auf Florfliegen stoßen werden.

Die bei uns heimischen Florfliegengattungen wollen wir im Folgenden kurz nennen und mit Blick auf Lebensweise, Vorkommen und Beschreibung mit etwas Leben füllen.

Manche Arten sind äußerlich unverwechselbar, die sichere Bestimmung der meisten Arten bleibt in der Regel aber dem Experten überlassen, da die Grundlagen für eine solche Artbestimmung häufig Details im Flügelgeäder oder der männlichen Genitalorgane sind.

> Die Hoffnung, unser hauseigenes Exemplar bestimmen zu können, muss also deutlich reduziert werden. Wenn Sie gut mit Wahrscheinlichkeiten leben können, sagen Sie einfach, dass Sie vermutlich *Chrysoperla carnea* auf Ihrem Fensterrahmen sitzen haben – das ist die häufigste Florfliegenart in Europa.

Deutsche Namen gibt es übrigens für die einzelnen Arten nicht – entsprechend verwenden wir jeweils den wissenschaftlichen Namen, wobei wir uns auf die wichtigsten Gattungen beschränken wollen. Die folgenden Kurzporträts sind auch hinsichtlich der Florfliegen, die bei uns im Garten oder dem näheren Umfeld überwintern, hinsichtlich der Pflanzen, an denen sie vorkommen und einiger anderer biologischer Besonderheiten interessant. Oder hätten Sie gedacht, dass es Florfliegenarten gibt, die nur an Nadelgehölzen vorkommen oder sich in Nestern von bestimmten Ameisen entwickeln?

Florfliegengattungen

Gattungsname Vorderflügel-länge	Aussehen	Lebensweise	Artenanzahl in Mitteleuropa
Nothochrysa			
13 – 25 mm	Imago mit deutlich rotbraunem Kopf; Larven teils mit pflanzlichen Resten oder auch Beutetieren beladen	1 – 2 Generationen pro Jahr; Überwinterung als verpuppungsbereite Larve; lebt in Laubgehölzen und Nadelgehölzen, oft in der oberen Baumkrone	2
Hypochrysa			
8 – 10 mm	Imago gelbgrün mit schwarzen Längsstreifen; sehr kleine, unverwechselbare Art	1 Generation pro Jahr; Überwinterung als Puppe; lebt nur in Laubgehölzen (unter anderem an Buche, Hainbuche und Weißdorn); Imago tagaktiv, nutzt ausschließlich Pollen als Nahrung	1
Italochrysa			
22 – 25 mm	Imago gelbweiß mit roten Längsstreifen auf Brust und Hinterleib; größte Florfliegenart in Europa, unverwechselbare Art	1 Generation pro Jahr; Überwinterung als Larve; meist an Eichen anzutreffen; Entwicklung der Larven ausschließlich in den Baumnestern einer speziellen Ameisenart *(Crematogaster scutellaris)*, dort Fraß der Ameisenbrut	1

Gattungsname Vorderflügel-länge	Aussehen	Lebensweise	Artenanzahl in Mitteleuropa

Nineta

16 – 26 mm	Imago hellgrün, Kopf ohne sichtbare Flecken	1 – 2 Generationen pro Jahr; Überwinterung als verpuppungsbereite Larve; lebt in Laubgehölzen und Nadelgehölzen	6

Chrysopa

8 – 22 mm	Imago mit Stinkdrüsen in der Vorderbrust	1 – 4 Generationen pro Jahr; Überwinterung als verpuppungsbereite Larve; lebt in der bodennahen Vegetation, Strauchschicht und Baumschicht; Imago lebt räuberisch	12

Cunctochrysa

9 – 14 mm	Imago mit Stinkdrüsen in der Vorderbrust; Larven teils mit pflanzlichen Resten oder auch Beutetieren beladen	2 Generationen pro Jahr; Überwinterung als verpuppungsbereite Larve; lebt in der Strauchschicht und Baumschicht von Laubgehölzen	2

Dichochrysa

8 – 18 mm	Imagines der europäischen Arten meist mit einem kleinen, dunklen Fleck an der Flügelbasis; Larven teils mit pflanzlichen Resten oder auch Beutetieren beladen	1 – 3 Generationen pro Jahr; Überwinterung als Larve; lebt in der bodennahen Vegetation, Strauchschicht und Baumschicht; bevorzugt warmtrockene Gebiete	5

Gattungsname Vorderflügellänge	Aussehen	Lebensweise	Artenanzahl in Mitteleuropa
Peyerimhoffina			
7 – 11 mm	Imago sehr klein; auffällig zugespitzte Flügel	1 – 2 Generationen pro Jahr; Überwinterung als Imago; kommt nur an Nadelgehölzen, speziell an Fichte, vor	1
Chrysotropia			
11 – 17 mm	Larven teils mit pflanzlichen Resten oder auch Beutetieren beladen	1 – 2 Generationen pro Jahr; Überwinterung als verpuppungsbereite Larve; lebt bevorzugt in der Strauchschicht von Laubgehölzen, bevorzugt feuchtschattige Lagen	1
Chrysoperla			
7 – 15 mm	Farbwechsel der Imagines im Herbst ins Braune	1 – 3 Generationen pro Jahr; Überwinterung als Imago; lebt in der bodennahen Vegetation, Strauchschicht und Baumschicht	4, darunter auch die bekannteste und zugleich häufigste Florfliegenart in Europa überhaupt: *Chrysoperla carnea*

Biologie und Ökologie

Sehen wir uns einmal den Jahreszyklus von *Chrysoperla carnea,* unserer häufigsten Florfliege, genauer an. Schließlich wollen wir wissen, was unser Gast, der noch immer da ist und sich scheinbar in unserer Küche recht wohl fühlt, schon alles hinter sich oder vielleicht noch vor sich hat.

Den Winter verbringen die erwachsenen, im Spätsommer geschlüpften Tiere in einem Ruhezustand mit stark herabgesetztem Stoffwechsel, der unter anderem durch eine geringere Tageslänge (Herbstbeginn) ausgelöst und fachlich somit als Diapause bezeichnet wird. Geeignet für eine Überwinterung sind kühltrockene und windgeschützte Orte. Hierzu zählen beispielsweise Dachböden, Scheunen, geeignete Hausflure oder auch Florfliegenkästen (siehe Seite 76). Die warmen Wohnräume in Häusern sind für eine Überwinterung ungeeignet, da die Tiere dort ihre Reserven aufgrund ihres in diesem Fall unverändert hohen Stoffwechsels bereits nach vier Wochen aufgebraucht haben und sterben. Im Herbst in der Wohnung gefundene Florfliegen sollten somit rasch in besser geeignete Quartiere gebracht werden. *Chrysoperla carnea* gehört zu den Arten, deren Flügel sich zum Herbst hin gelbbräunlich verfärben. Der Farbwechsel passiert dabei nicht abrupt, sondern in einem mehrwöchigen Übergang. Es gibt aber immer einige Tiere, etwa fünf Prozent, die ihre grüne Farbe weiterbehalten.

Florfliegen überwintern nicht in einer sozialen Gemeinschaft, wie sie beispielsweise von Fledermäusen bekannt ist. Eine scheinbar gesellige Überwinterung vieler Florfliegen an einer Stelle, beispielsweise auf einem Dachboden, rührt allein daher, dass die Tiere – unabhängig voneinander – eine für sie optimale Überwinterungsstelle gefunden haben. Veränderungen im Temperatur- oder Feuchtebereich können dazu führen, dass die eigentlich »ruhenden« Tiere ihren ersten Platz gegen einen anderen, dann besser geeigneten tauschen.

Mit Frühjahrsbeginn und steigenden Temperaturen endet die Diapause und die Flügelfarbe wandelt sich wieder ins Grüne. Auch werden die Tiere lebhafter und paaren sich, falls dies noch nicht nach dem Schlupf im vergangenen Spätsommer erfolgt ist.

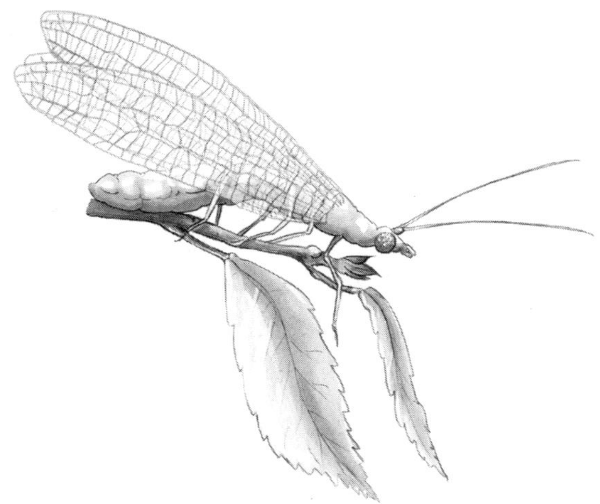

Obgleich des delikaten Themas sind wir doch interessiert, wie und wann die Paarung von Florfliegen abläuft und wie es weitergeht. Wer weiß, vielleicht kommt unsere offenbar sichtlich erschöpfte Florfliege gerade von einem amourösen Treffen?

Bei den Männchen, so viel sei schon verraten, läuft die Lebensuhr danach rasch ab. Meist sterben sie innerhalb von zwei Wochen nach der Paarung. Doch zurück zur Paarung selbst. Diese erfolgt meist in den späten Abendstunden oder in der Nacht und entzieht sich somit in der Regel unserer Beobachtung.

Nach einem anfänglichen Berühren mit den Mundwerkzeugen, bei dem sich Männchen und Weibchen gegenüberstehen, kommt es rasch zu abwechselnden, rhythmischen Bewegungen der Hinterleibe beider Partner. Diese können als arttypischer Werbegesang gedeutet werden, da sie nur vom jeweils passenden Partner wahrgenommen und auch beantwortet werden. Wissenschaftler konnten anhand der Vibrationsabfolgen sogar unterschiedliche »Gesangstypen« bei *Chrysoperla carnea* aufschlüsseln. Das Männchen nähert sich dann zunehmend seitlich dem paarungsbereiten Weibchen, sodass beide Tiere später nebeneinander stehen und in die gleiche Richtung blicken. Die Hinterleibsenden mit den Geschlechtsöffnungen bleiben nach einem mehrmaligen Berühren miteinander verbunden, sodass die Paarung vollzogen werden kann.

Diese dauert insgesamt etwa dreißig Minuten, wobei etwa die Hälfte allein für das beschriebene Vorspiel benötigt wird. Während die Männchen wie erwähnt kurz nach der Begattung sterben, sind die Weibchen in den nächsten Wochen intensiv mit der Eiablage beschäftigt.

Hierbei berührt das Weibchen die Unterlage mit seinem Hinterleibsende und sondert einen kleinen Tropfen Sekret ab, der an der Luft rasch erhärtet. Dieser Tropfen wird jedoch zuvor noch zu einem wenige Millimeter langen Stiel ausgezogen, auf dessen erhärtetes Ende dann das ovale Ei positioniert wird. Je nach Florfliegenart werden die Eier einzeln an den Stielenden oder auch in Büscheln oder kleinen Gruppen abgelegt. Als Eiablageplatz und Unterlage für die Stiele werden nicht nur bevorzugt die Blattunterseiten vieler Pflanzen, sondern auch andere pflanzliche Strukturen und von Menschen gemachte Gegenstände – von der Blumenvase bis zur Steinmauer – genutzt. Jedes Weibchen legt 300 bis 700 Eier ab.

Der biologische Nutzen der gestielten Eier ist noch nicht abschließend geklärt, die Meinungen und Erkenntnisse gehen hierzu teils weit auseinander. Mögliche Erklärungsansätze sind beispielsweise ein Schutz gegenüber den kannibalischen Geschwisterlarven, die auf den benachbarten Stielen geschlüpft sind, Schutz gegenüber anderen Räubern oder »nur« die Sicherstellung der Sauerstoffversorgung, auf die die Eier während ihrer Entwicklung angewiesen sind. Vielleicht bleiben die gestielten Eier aber auch eine ungeklärte Laune der Natur.

Doch genug der Überlegungen zur Sinnfrage der Stiele an den abgelegten Eiern, wir wollen jetzt doch wissen, wie es weitergeht. Auch unser geflügelter Freund schaut mittlerweile interessiert zu uns herüber, auch wenn wir ihm eigentlich nichts Neues zu erzählen haben, oder etwa doch?

Bis zum Schlupf der Larven aus den Eiern vergehen je nach Temperatur und Feuchtigkeit sechs bis zwölf Tage. Die Öffnung des Eies erfolgt durch die junge Larve mit Hilfe eines spitzen »Eizahnes«, den sie auf ihrem Kopf trägt. Durch die kratzenden Bewegungen im Inneren reißt die äußere Eiwand längs auf. Mit dem Kopf dringt die etwa 2 Millimeter

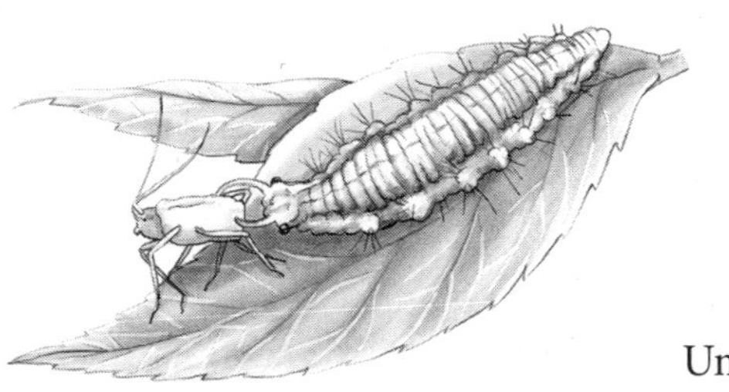

kleine Larve aus der Eihülle, streift ihre Embryonalhaut ab und zieht dann auch die Brust und den Hinterleib hinterher. Dann kriecht sie in Richtung Stielansatz zur Unterlage. Insgesamt verstreichen von der ersten sichtbaren Bewegung im Inneren des Eis bis zum Verlassen der Eihülle etwa 30 Minuten. Etwa eine Stunde dauert es noch, bis die äußere Hülle der Larve vollständig ausgehärtet ist, erst dann begibt sie sich auf Nahrungssuche.

Das Finden der Beute ist dabei wenig spektakulär. Es werden praktisch nur Blattläuse und andere Insekten – unter anderem Thripse, Weiße Fliegen, Schmierläuse – und Milben als Beute erkannt, die unmittelbar mit den Saugzangen berührt werden. Um bei der Suche möglichst viel Raum zu erfassen und keine Beute zu übersehen, laufen die Tiere – stets den Kopf hin und her bewegend – sehr lebhaft umher. Ihre Laufgeschwindigkeit kann dabei 2 Zentimeter pro Sekunde erreichen. Der Nahrungserwerb ist zum Überleben wichtig, da die jungen Larven zwar durchaus drei Tage ohne Nahrung auskommen können, jedoch keine echten Hungerkünstler sind. Um Beute zu finden, laufen sie auch größere Areale an der Pflanze ab. Unter Laborbedingungen wurde einmal eine Fläche von 690 Quadratzentimetern ermittelt, die eine Larve innerhalb einer Stunde nach Beute abgesucht hat. Verlassen die Larven die nach Nahrung abgesuchten Blätter, wandern sie in Richtung nächsthöherer Blattetage.

Unser grüner Hausfreund hat mittlerweile, von einem Windzug aufscheucht, den Platz gewechselt und sitzt jetzt auf einem der Küchenschränke. Wir haben ihn aber immer noch gut im Blick und sind angesichts unseres neu erworbenen Wissens schon recht erstaunt, was es so alles über Florfliegen zu berichten gibt. Gedanklich sind wir noch bei den Larven – wie sie wohl zu ihrer Beute kommen?

Eine nähere Auswahl hinsichtlich der Blattläuse erfolgt nicht, das heißt, trifft eine Florfliegenlarve auf eine Blattlaus, wird diese auch als Beute genutzt. Hierzu stechen die Larven die Tiere mit ihren stilettartigen, deutlich vorstehenden Saugzangen an, injizieren über Gift- und Speicheldrüsen lähmende und zersetzende Enzyme und saugen dann die so bereits vorverdaute Blattlaus aus – die Larve saugt (!) die Blattlaus also aus, sie frisst sie nicht. Während des Aussaugens wird die Beute oft hoch angehoben, deren Außenhaut derweil zu einer verschrumpelten Hülle zusammenfällt. Je nach Florfliegenart bedeckt (»maskiert«) sich die Larve auf ihrem Rücken auch mit der ausgesaugten Beute, vergleichbar einer Trophäe. Möglicherweise dient dies dem direkten Schutz vor Räubern oder auch zur Tarnung.

Nach zwei bis drei Wochen und zwei Häutungen endet die Larvenzeit mit dem dritten Larvenstadium und es folgt mit der Bildung der Puppe der Übergang zur erwachsenen, geflügelten Florfliege.

Zur Verpuppung sucht sich die Larve einen geschützten Ort und produziert ein lockeres, seidenartiges Gespinst von 1 Zentimeter Durchmesser, dessen Fäden aus körpereigenen Organen ausgeschieden werden. In diesem Gespinst befindet sich der eigentliche, nur etwa 3 Millimeter große blickdichte Kokon zur Verpuppung. Während die dünn gewebte Außenhülle meist innerhalb weniger Stunden gebildet ist, dauert die Herstellung des Kokons im Innern nahezu einen ganzen Tag – und dann heißt es warten. Nach etwa drei Wochen schlüpft über einen ausgeschnittenen runden Deckel aus dem inneren Kokon nicht wie vielleicht erwartet die fertige Florfliege, sondern ein Puppenstadium. Dieses dem erwachsenen Insekt äußerlich bereits ansatzweise ähnliche und bewegliche Stadium dauert nur kurze Zeit. Bereits nach etwa einer halben Stunde reißt die Haut vorn beginnend auf und innerhalb von fünf Minuten hat sich unsere Florfliege aus ihrem Panzer herausgeschält. Nach etwa dreißig weiteren Minuten sind die Flügel so weit erhärtet, dass der letzte Abschnitt im Leben der Florfliege als Imago, dem erwachsenen Fluginsekt, beginnen kann.

Dieser beginnt mit der Ausscheidung der über die gesamte Larvenzeit hinweg angesammelten Verdauungsprodukte allerdings wenig spektakulär. Die Larven von Florfliegen sind wie alle Netzflüglerlarven

nicht zur Kotabgabe befähigt, da Mittel- und Enddarm funktionell nicht verbunden sind und die Exkremente somit zwischengespeichert werden müssen. Erst bei der Imago liegt ein durchgängiges, funktionierendes Darmsystem vor, sodass erst in diesem Stadium der schwarz gefärbte Larvenkot als langgestreckter Ballen ausgeschieden werden kann.

Erstaunt bewundern wir diese besondere Regelung der Kotabgabe während der Florfliegenentwicklung. Wir kommen etwas ins Schmunzeln bei dem Gedanken, dass dies beim Menschen doch auch recht praktisch wäre, wenn man erst mit Erreichen der Volljährigkeit ... doch zurück zu unserer »volljährigen« Florfliege.

Die erwachsenen Florfliegen von *Chrysoperla carnea* ernähren sich im Gegensatz zu anderen Florfliegen nur von Pollen, Nektar oder Honigtau. Eine direkte Rolle als Nützlinge im Sinne von Blattlausräubern kommt ihnen also nicht zu.

In unseren Breiten gibt es zwei Florfliegengenerationen pro Jahr, der gesamte Lebenszyklus wird somit zweimal pro Jahr durchlaufen. Die Imagines der ersten Generation – sie erscheinen etwa im Juli – leben vier bis sechs Wochen, die der zweiten Generation – diese treten etwa ab September auf – überwintern und leben deutlich länger, nahezu neun Monate. In wärmeren Gebieten kann es vier (Südeuropa) oder sogar fünf (Indien) Generationen pro Jahr geben.

Auch Florfliegen haben Feinde, sodass eine verkürzte Lebensdauer der Tiere möglich ist. Beim Blick auf unseren filigranen, zerbrechlich wirkenden Nützling in der Küche können wir uns dies recht gut vorstellen. Vor Fledermäusen sind die sonst recht unbeholfen fliegenden Tiere jedoch gut geschützt. Sie können die Echoortungsrufe der Fledermäuse hören und haben damit einen zeitlichen Vorsprung, um dem nächtlichen Angriff auszuweichen oder sich ihm durch einen Sturzflug zu entziehen. Ansonsten sind es im Wesentlichen Erzwespen und andere parasitische Wespen, die den Florfliegen, insbesondere den Larven, zusetzen. Aber auch Eier und Imagines können von Parasiten befallen werden. Darüber hinaus greifen auch Ameisen die Larven von Florfliegen an, wenn sie ihre »Blattlaus-Haustiere«, von denen sie den Honigtau beziehen, von den Larven bedroht sehen. Indirekt wird dies auch dadurch bestätigt, dass an Pflanzen mit von Ameisen beschützten Blattläusen meist keine Florfliegenlarven zu finden sind.

Als ob sie etwas von Ameisen gehört hätte, erhebt sich unsere Florfliege geräuschlos vom Küchenschrank, verschwindet in Richtung des geöffneten Fensters und fliegt in den Garten. Schade, wir hatten uns schon so an sie gewöhnt, aber im Garten ist sie sicher besser aufgehoben als in der Wohnung. Nun gut, wir werden den Abschluss unserer Betrachtung zur Florfliege auch ohne lebendiges Objekt beenden können.

Es ist nun noch die Frage zu stellen, ob es nicht doch über einen dunklen Punkt im Leben der Florfliege zu berichten gibt – Florfliegen als Schädlinge? – und was wir abschließend zur Förderung der Tiere im Garten umsetzen können. Wem das alles nicht genügt: Am Ende werden wir noch sehen, dass wir Florfliegen auch als Larven kaufen können, eine tolle Sache – aber nun doch erst mal zur Frage, ob Florfliegen auch als Schädlinge eingestuft werden können oder nicht.

Florfliegen als Schädlinge?

Florfliegen sind recht einseitig in ihrer Ernährung. Während die Larven wie geschildert ausschließlich als Räuber von tierischer Nahrung leben, nehmen die Imagines nur Pollen, Nektar oder Honigtau auf oder sind ebenfalls, wie die *Chrysopa*-Arten, als Räuber aktiv. Pflanzliche Nahrung jenseits von Pollen oder Nektar ist seitens der Florfliegen nicht vorgesehen und Schäden an Pflanzen sind von Florfliegen, sowohl für die Larven als auch für die Imagines, nicht bekannt. Jede Verbindung von Fraßschäden an Pflanzen und Florfliegen, deren Larven vielleicht in der Nähe angefressener Pflanzen gefunden worden sind, entbehrt also jeder Grundlage.

Schutzmaßnahmen und gezielte Förderung im Garten

Schutzmaßnahmen

Zur Schonung der Florfliegen sollte auf den Einsatz von Pflanzenschutzmitteln im Garten verzichtet werden. Florfliegen erweisen sich im Vergleich zu anderen Nützlingen gegenüber diesen Produkten als noch recht unempfindlich. Wer im eingeschränkten Maße auf den Einsatz von Pflanzenschutzmitteln im Garten nicht verzichten möchte, sollte sich zuvor jedoch über die Nebenwirkungen auf Nützlinge und in diesem Fall speziell die Florfliege informieren.

Detaillierte Hinweise liefern meist die nützlingsanbietenden Firmen. Häufig handelt es sich hierbei um Tabellen, die bezogen auf die einzelnen Wirkstoffe der Pflanzenschutzmittel eine Bewertung anhand einer abgestuften Klassifizierung zur Wirkung auf den Nützling vergeben. Bei dieser Bewertung ist jedoch zu beachten, dass die Kategorie »nützlingsschonend« je nach Einstufung bedeuten kann, dass lediglich weniger als fünfundzwanzig Prozent der Nützlinge getötet werden – nicht aber null Prozent, was vielleicht zu vermuten ist. Auch ist zu berücksichtigen, dass die Bewertungen meist wenig differenziert zusammengefasst sind. Im Detail kann sich ein Mittel aber durchaus unterschiedlich gegenüber Larven oder Imagines verhalten. Auch sind indirekte Auswirkungen auf die Fruchtbarkeit der Weibchen oder die Einflüsse auf den Beutefang der Larven getrennt zu berücksichtigen. All dies zeigt, dass die Frage nach einem nützlingsverträglichen Mittel nicht so einfach zu beantworten ist, wie es auf den ersten Blick den Anschein haben mag. Am besten entgeht man der Problematik, indem der Einsatz von Pflanzenschutzmitteln im Garten als verzichtbare Maßnahme angesehen wird. Jede einzelne Florfliege, und dies gilt für andere Nützlinge auch, wird es Ihnen danken.

Wie wir bereits bei der Beschreibung der Arten gesehen haben, gibt es nicht *die* Florfliege und genauso wenig ist es möglich, *die* Maßnahmen zur Förderung derselben aufzustellen. Grundsätzlich gilt es als Basis zu beachten, dass die Tiere einen artgerechten Lebensraum

benötigen und eine ausreichende Verfügbarkeit von Nahrung gewährleistet ist. Weiteres lässt sich mit Blick auf die Artenliste ableiten. Wenige Beispiele sollen dies verdeutlichen. Zu beachten ist beispielsweise, dass es bezogen auf den Lebensraum, teilweise sogar innerhalb der gleichen Gattung, Spezialisten wie die Florfliegenart *Chrysopa dorsalis* gibt, die nur an Kiefern und dann auch bevorzugt nur in warmtrockenen Klimaten vorkommt. Andererseits gibt es aber auch vergleichsweise Generalisten wie *Chrysopa pallens,* die an vielen Laubgehölzen in Wald, Parks und Gärten vorkommt. Dadurch wird verständlich, dass sich eine gleichzeitige Förderung aller Florfliegenarten nicht umsetzen lässt, es bleibt stets nur ein Kompromiss. Hinsichtlich des Lebensraumes sollten heimische Sträucher (unter anderem Hainbuche), Laubgehölze (Eiche, Buche, Weißdorn) und Nadelgehölze (unter anderem Kiefer, Fichte) eine erste Grundlage zumindest für viele unserer Florfliegenarten sein.

Hinsichtlich der Nahrung ist zu beachten, dass die Larven tierische Nahrung benötigen, die erwachsenen Florfliegen, mit Ausnahme von *Chrysopa*-Arten, jedoch Pollen, Nektar und Honigtau. Günstig ist somit ein möglichst ganzjähriges Angebot von Pollen und Nektar, das durch eine entsprechende Pflanzenauswahl heimischer Sträucher, zum Beispiel Weißdorn, sowie das zusätzliche Angebot von Blumenwiesen oder auch Gemüsepflanzen – insbesondere Doldenblütlern und Korbblütlern wie Möhre, Dill, Ringelblume oder Margerite – leicht umgesetzt werden kann. Honigtau, als Ausscheidungsprodukt saugender Insekten an Pflanzen, setzt verständlicherweise voraus, dass nicht jeder Schädlingsbefall bekämpft, sondern zumindest in Maßen zu tolerieren ist, um eine gewisse Basisversorgung der Florfliegen mit Honigtau sicherzustellen.

Unter Berücksichtigung dieser beiden Punkte – Lebensraum und Nahrungsangebot – lässt sich in Sachen Florfliegenförderung schon Einiges im Garten bewegen.

Hobbyimker werden die Tatsache bestätigen, dass Florfliegen zur Überwinterung in großer Zahl gerne auch Bienenhäuser aufsuchen. Um den Tieren in solch einem Fall einen leichten Zugang, aber auch ein Verlassen im Frühjahr zu ermöglichen, sollten die Bienenfluchten am Fensterrand offen bleiben.

Die im Herbst auf der Suche nach einem Überwinterungsplatz in beheizte Wohnungen eingewanderten Florfliegen müssen zu ihrem eigenen Schutz an kühltrockene Orte (unter anderem Dachboden, Veranda) gebracht werden. Anderenfalls würden die Tiere innerhalb weniger Wochen sterben. In diesem Zusammenhang kann auch auf Florfliegenkästen verwiesen werden (siehe Seite 76).

Da Florfliegen sehr leicht vom Licht angelockt werden, fliegen sie am Abend oft an die Fenster beleuchteter Räume. Sofern die Fenster mit Rollläden verschlossen werden sollen, sollten diese entweder vor dem Einschalten der Beleuchtung vollständig herabgelassen werden oder aber bis auf einen größeren Spalt nicht vollständig. Ansonsten sitzen die Florfliegen des Nachts gefangen in ihrem Gefängnis und müssen ihre sonst aktive Zeit nutzlos verstreichen lassen, was sicher nicht gewollt ist.

Da wie geschildert die Eier der Florfliegen wenig spezifisch an Blätter oder andere Stellen abgelegt werden, sollte zumindest bei Schnitt- und Aufräumarbeiten im Garten darauf geachtet werden, dass dabei nicht unbemerkt auch abgelegte Eier mit entfernt werden und auf dem Kompost landen. Insbesondere zum Herbst hin sollte zusätzlich beachtet werden, dass nicht alle Florfliegen als Imagines im Dachboden oder in der Scheune geschützt überwintern, sondern manche Arten den Winter auch als Larve oder Puppe im unmittelbaren gärtnerischen Umfeld verbringen. Unaufgeräumten Ecken im Garten oder oberirdisch eingetrocknete Staudenrabatten bieten den Tieren in diesem Fall Versteckmöglichkeiten.

Bau eines Florfliegenkastens

Als Überwinterungshilfe bietet sich der Bau oder auch der Kauf eines »Florfliegenhäuschens« an. Hierbei handelt es sich um einen würfel- bis quaderförmigen Kasten mit Kantenlängen von 25 bis 35 Zentimetern. Damit die Tiere den Kasten problemlos besiedeln können, sind sowohl Vorder- als auch Unterseite mit Schrägleisten oder Lamellen zu versehen.

Gefüllt werden die Kästen am besten mit Weizenstroh. Heu (Probleme mit der Staubentwicklung), Laub (Probleme mit dem geringen Hohlraumvolumen) oder auch Gerstenstroh haben sich als weniger gut geeignete Füllmaterialien herausgestellt. Auf ein kompaktes Einlagern des Weizenstrohs ist zwingend zu achten. Wenn es zu locker ist, wird das Stroh durch die geöffneten Lamellen vom Wind stark bewegt oder sogar umhergewirbelt, was eine geringe Akzeptanz seitens der Florfliegen zur Folge hat.

Hinsichtlich der Farbe des Florfliegenhäuschens ist auf einen rotbraunen Farbton zu achten, der sich als deutlich anlockend für die Tiere herausgestellt hat. Zudem erwärmt sich ein solcher Kasten im Vergleich zu anderen Farben im Winter deutlich besser, was ebenfalls von Vorteil ist. Angebracht werden die Kästen an Pfählen, wobei sie in einer Höhe von 150 bis 180 Zentimetern fixiert werden sollten. Die mit

Lamellen versehene Vorderseite sollte der windabgewandten Himmelsrichtung zugewandt sein, da die Tiere von dort bevorzugt einfliegen. Aufgestellt werden können die Kästen etwa ab September, wobei die Tiere noch bis in den November ihr neues Winterquartier besiedeln. Grundsätzlich geeignet für die Aufstellung sind Kleingärten oder Obstanlagen. Ein deutlich höherer Besatz des Kastens mit Florfliegen als an solchen Standorten lässt sich auf Brachland mit niedriger Wildflora erreichen. Dort sind »Fangzahlen« von über 300 Tieren pro Kasten nachgewiesen worden – im Vergleich zu 25 bis 75 Tieren in Kleingärten und Obstanlagen. Bei einem Besatz der Kästen von »nur« 100 Tieren, einem Weibchenanteil von fünfzig Prozent und 300 überlebenden Eiern pro Weibchen stehen dem Hobbygärtner auf diesem Weg potenziell 15 000 hungrige Florfliegenlarven im nächsten Jahr als »mobile Eingreiftruppe« frei Haus zur Verfügung.

Die eigentliche Überwinterung kann unmittelbar am Aufstellort erfolgen, bei ungünstiger Witterung können die Kästen auch kühl und vor Regen geschützt in einer Scheune oder einem Lagerhaus aufgestellt werden. Zum Frühjahr hin kann man die Kästen an den Stellen im Garten aufstellen, die nach eigenem Befinden als Einsatzorte am besten geeignet sind. Nicht alle Florfliegen überleben den Winter in ihrem neuen Quartier, die Sterbequote ist mit einem bis vier Prozent – verglichen mit deutlich über zehn und bis zu vierzig Prozent im Freiland – allerdings schon fast zu vernachlässigen.

Benötigt werden für den Bau eines Florfliegenkastens neben einem Pfahl nur einige Holzbretter für das Dach, die Rückwand und die Seitenwände sowie einige Lamellen für den Einstiegsbereich an der Vorderseite und am Boden des Kastens.

Wichtig: Alle Holzmaterialien sind mit einer roten bis braunroten, umweltfreundlichen Farbe anzumalen.

Material für den Bau eines Florfliegenkastens

Dach: 1 Brett, 40 × 40 cm
Seitenwände: 2 Bretter, 30 × 30 cm,
jeweils auf einer Länge auf 25 cm abgeschrägt
Rückwand: 1 Brett, 34 × 25 cm
Lamellen: 11 Brettchen, 30 × 6 cm

Alle Bretter haben eine Dicke von 2 cm, die Lamellen sind 1 cm dick. Als Material ist unbehandeltes Holz von Kiefer oder auch Tanne geeignet.

Weiterhin werden benötigt:
1 Holzpfahl: 5 cm dick, etwa 2 m lang
Nägel
braunrote, ungiftige Holzfarbe für den Außenanstrich
eventuell ein Scharnier zur Befestigung des Daches
zur Füllung bevorzugt Weizenstroh

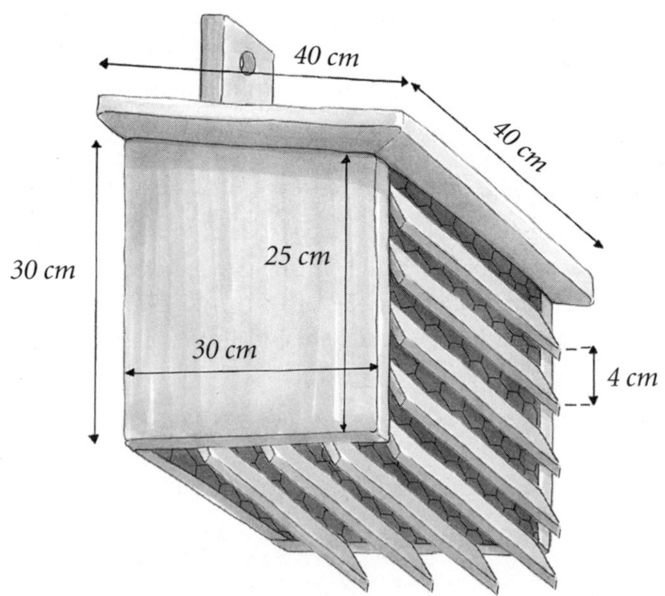

Bauanleitung

Zuerst nageln Sie die beiden Seitenwände so auf die Rückwand, dass vorne und unten eine lichte Weite von 30 Zentimeter für die später einzusetzenden Lamellen verbleibt und die Schrägen nach vorne abfallen. Nachdem Sie das Dach, nach vorne und hinten leicht überstehend, ebenfalls festgenagelt haben, können Sie die einzelnen Lamellen jeweils in einem Winkel von 45 Grad und in einem Abstand von etwa 4 Zentimeter gleichmäßig verteilt in den verbliebenen Zwischenraum nageln, sodass sich eine Kastenvorderwand und ein Kastenboden aus Lamellen ergeben. Bevor Sie die letzten Lamellen einsetzen, füllen Sie den Kasten nicht zu locker, sondern eher kompakt, jedoch nicht zu stark verdichtet mit Weizenstroh. Alternativ zum Annageln lässt sich das Dach auch mit einem Scharnier befestigen, das ein leichteres Befüllen (und später leichteres Erneuern der Befüllung) des Kastens ermöglicht. Der Florfliegenkasten kann mit Hilfe von Schrauben an einem Pfahl befestigt werden, alternativ kann auch ein Metallbügel am Kasten befestigt werden, der dann seinerseits mit einem stabilen Nagel als Halterung am Pfahl befestigt wird und so den Kasten sowohl trägt als auch transportabel hält. Hinsichtlich der Aufstellungsrichtung ist wichtig, dass die Vorderseite auf der dem Wind abgewandten Seite liegt, um den Florfliegen den Einstieg zu erleichtern.

Übrigens: Wem der Eigenbau nicht liegt – schöne Florfliegenkästen gibt es im Handel auch fertig zu kaufen.

Aktiver Einsatz im biologischen Pflanzenschutz

Erste Freilassungsversuche mit Florfliegen zur Bekämpfung von Schmierläusen erfolgten bereits im Jahre 1949 in den USA. Ausgebracht wurde damals die Art *Chrysoperla carnea,* die auch heute noch als alleinige Art im Rahmen des biologischen Pflanzenschutzes im Einsatz ist. Verwendung finden die Larven sowohl im gärtnerischen Erwerbsanbau als auch beim Hobbygärtner in Innenräumen oder in Büros und Foyers von Gebäuden und zur Unterstützung im Freiland. Während viele Nützlinge ein vergleichsweise enges Beutespektrum haben, können Florfliegenlarven gegen viele pflanzenschädigende Tiere eingesetzt werden. Anzuführen sind Blattläuse, Thripse, Weiße Fliegen, Schmierläuse, Spinnmilben und Larven von Schmetterlingen (Raupen).

Florfliegen können als Eier und als Larven bei verschiedenen Nützlingsanbietern (siehe Seite 151) bestellt und anschließend auf den Pflanzen verteilt werden.

Bei der Ausbringung von Eiern gibt es zwei unterschiedliche Verfahren. Entweder erfolgt die Lieferung in Form einer mit Eiern bestückten Gaze oder die Eier werden in einem Trägermaterial, beispielsweise Buchweizenspelzen, in einer Tüte zum Ausstreuen geliefert.

Larven hingegen werden in einer Pappwabe oder einer Waffelwabe geliefert, in der die Tiere getrennt in einzelnen Zellen untergebracht sind. Dies ist vorteilhaft, weil sich anderenfalls ein Teil der Larven schon vorher gegenseitig auffressen würde. Teilweise erfolgt die Lieferung auch zum direkten Ausstreuen.

Die Ausbringung der Eier oder Larven ist recht einfach. Nachdem die Nützlinge mit der Post gekommen sind, wird die kleine Transporteinheit dort geöffnet, wo die Freisetzung erfolgen soll. Die Eier können auf der Gaze direkt auf den Blättern verteilt oder der Tüteninhalt auf die Blätter gestreut werden. Um Verluste zu minimieren, kann die Ausbringung alternativ auch auf einem Stück Küchenkrepp erfolgen, das seinerseits auf die Blätter gelegt wird. Bei der gelieferten Wabe wird vorsichtig die Abdeckung aus Gaze abgezogen und die Larven können dann einfach über den Pflanzen ausgeklopft werden.

Die so verteilten oder nach vier bis fünf Tagen aus den Eiern schlüpfenden Larven gehen rasch auf Beutejagd, wobei die Tiere aufgrund ihrer nachtaktiven Lebensweise meist schwer an den Pflanzen zu finden sind.

Ist eine Ausbringung der Nützlinge am Tag der Lieferung nicht möglich, kann die Verpackungseinheit auch zwei bis drei Tage im Kühlschrank gelagert werden.

Da die Larven nur etwa zwei Wochen leben und sich dann verpuppen, ist nach diesem Zeitraum ein wiederholter Einsatz erforder-

lich, empfohlen wird eine drei- bis fünfmalige Freisetzung. Eine Etablierung der Florfliegen im Garten oder in Innenräumen ist durch eine solche Freisetzung grundsätzlich möglich, jedoch eher unwahrscheinlich. Die schlüpfenden Florfliegen sind geflügelt und recht agil und suchen somit auch andere Plätze zur Eiablage auf als den Garten, in dem sie geschlüpft sind. Dies lässt sich leider nur sehr eingeschränkt steuern.

Die Bestellung der Eier oder Larven kann direkt beim Nützlingsanbieter aufgegeben werden oder auch in ausgewählten Gartencentern, die an ein postkartenbasiertes Bestellsystem an den Vertreiber der Nützlinge angeschlossen sind. Im letzteren Fall füllen Sie einfach einen Gutschein vor Ort aus, bezahlen die Bestellung an der Kasse und senden die dem Gutschein beiliegende Postkarte an den Nützlingsanbieter. Auch andere Nützlinge werden über dieses System angeboten. Alternativ gibt es auch Systeme, bei denen Sie auf dem Gutschein eine Nummer frei rubbeln können, die Sie dann über das Internet auf der Netzseite des Nützlingslieferanten eingeben und so Ihre Bestellung aufgeben können. Die Nützlinge erhalten Sie in beiden Fällen stets wenige Tage später auf dem Postweg.

Hinsichtlich der einzusetzenden Nützlingsmenge sind etwa 20 Eier oder 5 bis 10 Larven pro Quadratmeter (bei Topfpflanzen: Pflanzenstandfläche) für jeden Freisetzungstermin erforderlich. Zu beachten sind auch die Mindestbestellmengen der Nützlingsanbieter, die sich meist auf 10 Quadratmeter beziehen (entsprechend 100 Larven).

Bei einer Freisetzung in Innenräumen oder im Wintergarten sind die klimatischen Ansprüche der Florfliegen vergleichsweise gering. Optimal sind 22 bis 25 °C, wobei die Tiere aber bereits ab 12 °C aktiv sind. Ein weiterer Vorteil ist ihr geringer Anspruch an die Luftfeuchtigkeit, so sind sie auch bei eher trockener Luft recht aktiv. Die Fraß- oder Saugleistung der Florfliegenlarven kann sich durchaus sehen lassen. Innerhalb ihrer zwei- bis dreiwöchigen Entwicklungszeit kann eine Larve 500 bis 700 Blattläuse oder 500 Eier der Weißen Fliege oder 9900 Eier von Spinnmilben oder 200 Eier von Eulenraupen als Beute nutzen – und damit den Hobbygärtner auf natürliche Weise in seiner Arbeit sehr effektiv unterstützen.

Mittlerweile ist es draußen schon etwas dunkel geworden. Wir sind schon erstaunt, welche Fülle es allein über einen einzigen Nützling zu berichten gibt. Gut, dass wir uns mit den wenigen Zeilen in unserem eingangs zitierten Insektenführer nicht zufrieden gegeben haben. Nun sehen wir in vielen Dingen doch deutlich klarer.

Schwebfliege

Es versprach ein schöner Nachmittag zu werden. Wir hatten den Tisch im Garten gedeckt, der Kaffee war aufgebrüht, der Pflaumenkuchen kam frisch aus dem Backofen und um 15 Uhr sollte er kommen – unser neuer Nachbar, Herr Krampe, den wir zum gegenseitigen Kennenlernen eingeladen hatten. Und da kam er auch schon durch die Gartentür. Rasch saßen wir am Tisch zusammen und unterhielten uns über naheliegende Themen wie unsere Gärten und das Wetter. »Beruflich arbeite ich als Entomologe«, erläuterte Herr Krampe und biss genüsslich in den frischen Pflaumenkuchen, wobei ich mir in diesem Moment keine Gedanken machte, was diese Berufsbezeichnung wohl bedeuten mochte. »Vorsicht, eine Wespe«, rief ich und deutete auf das schwarzgelbe Insekt in der Nähe seines Tellers. Bevor ich jedoch versuchen konnte, das Tier zu verjagen, erwiderte unser Nachbar nur: »Aber nein, das ist doch nur eine Schwebfliege. Die macht nun wirklich nichts!«

Vom Namen her kannte ich sie natürlich – die Schwebfliegen – und wusste auch, dass ihre Larven sehr effektive Blattlausvertilger sind. Mehrere hundert Blattläuse soll eine Larve angeblich im Laufe ihrer Entwicklung fressen. Aber was den Unterschied zur Wespe angeht, zuckte ich gedanklich mit den Schultern. Für mich sah das alles gleich aus. Unser Gast spürte offenbar meinen fragenden Blick und begann zu erklären.

Grundlagen und Wissenswertes

Auch wenn Schwebfliegen aufgrund ihrer meist schwarzgelben Färbung äußerlich auf den ersten Blick einer Wespe ähneln, gibt es doch einige Merkmale, anhand der eine Unterscheidung sicher möglich ist.

Schwebfliegen gehören – ganz im Gegensatz übrigens zu den Florfliegen – wirklich zur Insektenunterordnung der Fliegen. Zusammen mit den Mücken werden sie zur Ordnung der *Diptera* gezählt (sprich: Dip-tera), auf Deutsch auch als Zweiflügler bezeichnet. Schwebfliegen repräsentieren innerhalb dieser Ordnung eine eigene Familie, die der *Syrphidae* (sprich: Sür-fi-dä) und besitzen wie alle Fliegen und Mücken nur zwei nutzbare Flügel, die Vorderflügel. Die Hinterflügel wurden bei ihnen im Verlauf der Evolution so weit reduziert, dass nur zwei kleine Anhängsel, die sogenannten Schwingkölbchen oder Halteren, übrig geblieben sind. Auch wenn diese auf den ersten Blick als vernachlässigbare Überbleibsel erscheinen, sind sie von existenzieller Bedeutung für das Flugvermögen der Schwebfliege. Ohne die Halteren ist ein Flug nicht möglich, jede Schwebfliege würde – sofern ihr ein Start überhaupt gelingt – rasch wieder auf den Boden fallen. Im Flug lassen sich die Halteren aufgrund ihrer geringen Größe nicht erkennen. Wer aber einer sitzenden Schwebfliege einmal näher auf die Flügel schaut, wird die beiden Kölbchen rasch erkennen.

Und was ist mit unseren Wespen? Diese gehören systematisch zur Insektenordnung der Hautflügler und innerhalb dieser zu den Faltenwespen, die vier (!) Flügel haben. Zumindest im sitzenden Zustand ist somit eine rasche Unterscheidung in Schwebfliege und Wespe möglich. Doch es gibt noch mehr, zudem auch leichter erkennbare Merkmale.

So trägt eine Schwebfliegen ihren Namen insoweit zu Recht, als dass sie vergleichbar einem Hubschrauber stehend in der Luft verweilen kann (»Schwebeflug«), hierbei jedoch auch, und dabei geradezu Haken schlagend, unvermittelt die Position ändern kann. Die Schlagfrequenz der Flügel ist mit mehreren hundert pro Sekunde (!) so hoch, dass wir die Bewegung oder gar die Flügel im Flug als solche nicht wahrnehmen können, sondern allenfalls eine glitzernde Fläche. Zum Vergleich: Ein Kohlweißling fliegt mit etwa 5 Schlägen pro Sekunde, ein Kolibri mit etwas über 30 und eine Stubenfliege nähert sich mit

maximal bis zu 200 Schlägen pro Sekunde zumindest im Ansatz dem Niveau einer Schwebfliege.

Noch ein Nachsatz zum Flügel und seinem Adersystem: Nahezu alle Schwebfliegen haben im mittleren Aderbereich der Flügel jeweils eine auffällige, längs verlaufende Falte, in Fachkreisen auch als Vena spuria bekannt, die sich vom restlichen Adersystem deutlich abhebt.

Und wie sieht nun der Flug unserer Wespen aus? Von einem Haken schlagenden Schwebeflug sind wir in ihrem Fall weit entfernt. Eine Wespe fliegt ihr Ziel eher pendelnd an und unterscheidet sich im Flugbild somit recht deutlich von einer Schwebfliege, sodass wir bereits beim Anflug rasch in »Freund« oder »Feind« unterscheiden können. Zudem besitzt eine Wespe ihre berühmte Wespentaille, Schwebfliegen fehlt diese Einschnürung meist. Aber nicht jede Schwebfliege hält sich daran – einige haben eine Art Wespentaille und dann ist die Verwirrung perfekt – auch lässt sich dies alles im Flug nicht sehr gut erkennen.

»Jetzt ist mir auch klar, warum Sie unseren sechsbeinigen Besucher so schnell als Schwebfliege erkannt haben. Ich dachte nicht, dass es so einfach ist«, stellte ich erstaunt fest. »Ist es aber«, erwiderte unser Nachbar, »zwischen Wespe und Schwebfliege gibt es darüber hinaus weitere zentrale Unterschiede. Diese lassen sich aber nur beobachten, wenn sich die Tiere beispielsweise auf einer Blüte niedergelassen haben und wir uns die Kopfpartie näher ansehen können.«

Ein weiteres wichtiges Unterscheidungskriterium sind die Fühler, die bei Schwebfliegen aus drei Teilen bestehen, wobei das letzte Glied eine Borste trägt – Wespen haben im Vergleich deutlich längere Fühler. Auffällig in ihrer Größe sind die nahezu den ganzen Kopf einnehmenden Komplexaugen der Schwebfliegen, die sich insbesondere bei den Männchen meist auf der Kopfoberseite berühren. Wespen haben deutlich kleinere Komplexaugen.

Wer die Möglichkeit hat, von der Seite einen Blick auf die Mundwerkzeuge zu werfen, wird feststellen, dass eine Schwebfliege einen stempelförmigen Saugrüssel besitzt, vergleichbar dem einer Stuben-

fliege. Sie hat somit leckend-saugende Mundwerkzeuge – mit denen sie keinem Menschen Schaden zufügen kann. Ganz im Gegensatz zu den Wespen, die kräftige Kiefer (Mandibeln) und damit kauend-beißende Mundwerkzeuge haben, wobei der »Schaden«, den Wespen Menschen zufügen können, nicht von diesen Mundwerkzeugen herrührt, sondern von ihrem Stechapparat.

Verbreitet ist bei Schwebfliegen das Phänomen der Mimikry, bei dem die Tiere im Aussehen anderen wehrhaften Hautflüglern wie Bienen, Wespen oder Hummeln ähneln – ohne jedoch tatsächlich deren Wehrhaftigkeit zu besitzen –, wodurch sie selbst besser vor Feinden geschützt sind. Teilweise wird dies von Schwebfliegen mit einer solchen Perfektion umgesetzt, dass man in Einzelfällen sehr genau hinsehen muss, wer da nun tatsächlich auf einer Blüte sitzt. Auch fließen solche Betrachtungen teils in die deutschen Namen ein, wie bei der Mistbiene, die in Wirklichkeit eine Schwebfliege und keine Biene ist.

Artenspektrum

»Wie viele Schwebfliegenarten gibt es denn so?«, fragte ich interessiert, »bei Marienkäfern gibt es etwa 4000 Arten, das weiß ich.« »Weltweit gibt es rund 5000 Schwebfliegenarten, von denen etwa 400 in Deutschland vorkommen«, gab Herr Krampe zur Antwort und ergänzte seinen Hinweis gleich noch mit einigen weiteren Erklärungen.

Schwebfliegen sind als erwachsene Tiere wichtige Blütenbestäuber, interessant ist aber insbesondere auch die Ernährung der Schwebfliegenlarven, die sich von Art zu Art recht deutlich unterscheiden kann. So gibt es unter ihnen nicht nur die bekannten Nützlinge, die Blattläuse überwältigen und aussaugen, sondern auch pflanzenfressende Larven und weiterhin Arten, die als Fäulnisbewohner bezeichnet werden können. Die Ernährung der erwachsenen Tiere ist dagegen bei allen Arten gleich: Honigtau, Pollen und Nektar.

Schwebfliegen sind nahezu allgegenwärtig und besiedeln artabhängig die unterschiedlichsten Biotope. Hierzu zählen Wälder, Gebirgsregionen, Wiesen und Weiden, sowohl in feuchten als auch in trockenen Gebieten. Auch Gärten können als eigene Biotope angesehen werden. Je nach Blütenangebot für die Imagines, die erwachsenen Schwebfliegen, und Nahrungsangebot für die Larven tummelt sich dort eine Vielzahl von Schwebfliegenarten.

Schwebfliegenarten

Körperlänge	Aussehen	Lebensweise	Generationen pro Jahr
Winterschwebfliege			*Episyrphus balteatus*
10 – 11 mm	charakteristische Zeichnung des Hinterleibes mit doppelten, schwarz gefärbten Querbändern unterschiedlicher Dicke; hierzulande eine der häufigsten Schwebfliegenarten	Larven ernähren sich als Räuber bevorzugt von Blattläusen; Imagines oft in hoher Zahl auf Doldenblütlern anzutreffen; überwintert als Imago; gehört zu den Wanderschwebfliegen	3 – 5

Körperlänge	Aussehen	Lebensweise	Generationen pro Jahr
Mistbiene			*Eristalis tenax*
12 – 15 mm	dunkler Hinterleib mit einem gelben Seitenfleck am zweiten, teils auch dritten Segment; Larve mit lang gestrecktem, kräftigem Körper mit einem langen Atemrohr am hinteren Körperende, ähnelt äußerlich einer Ratte (»Rattenschwanzlarve«)	Larven leben in fauligem Wasser; Imagines bevorzugt an Korbblütlern anzutreffen; überwintert als Imago; gehört zu den Wanderschwebfliegen	2 – 3
Große Schwebfliege			*Syrphus ribesii*
9 – 13 mm	schwarz gefärbter Hinterleib mit drei auffälligen, gelben Binden, wobei die erste Binde unterbrochen ist; hierzulande eine der häufigsten Schwebfliegenarten	Larven ernähren sich als Räuber bevorzugt von Blattläusen; überwintert als Larve oder Puppe; gehört zu den Wanderschwebfliegen	2 – 3
Mondfleck-Feldschwebfliege			*Metasyrphus luniger*
9 – 12 mm	Hinterleib mit drei unterbrochenen, mondförmigen, gelben Flecken, Brust grünschwarz glänzend	überwintert als Larve oder Puppe	3 – 5

Biologie und Ökologie

»Sie hatten doch eingangs gesagt, dass nicht alle Schwebfliegenlarven Blattläuse als Hauptnahrungsquelle nutzen. Von was lebt denn der Rest?«, wollte ich wissen und blickte unseren Nachbarn in Erwartung einer Antwort fragend an.

Larven der Schwebfliegen sind nicht nur als Räuber (etwa 30 Prozent), sondern auch als Pflanzenfresser (etwa 25 Prozent) und Fäulnisbewohner präsent. Letztere lassen sich in Arten unterscheiden, die in abgestorbenem, organischem Material wie alten Baumstubben (etwa 25 Prozent) oder in einem eher wässrigen, schlammigen Milieu (etwa 20 Prozent) leben wie die Larven der bekannten Mistbiene.

Erwachsene Schwebfliegen – egal welcher Art – haben mit tierischer Nahrung nichts im Sinn, sie ernähren sich von Pollen, Nektar und Honigtau. Wobei die Männchen schwerpunktmäßig nur Nektar aufnehmen, die Weibchen dagegen zusätzlich Pollen für die energetisch aufwendige Eiproduktion benötigen.

Sehen wir uns im Folgenden einmal unsere klassischen Schwebfliegen näher an, die sich auf Blattlaus und Co. spezialisiert haben.

Schwebfliegen sind nicht den ganzen Tag über gleich aktiv, sondern haben ein ausgeprägtes Aktivitätsmaximum in den Morgenstunden. Zum Mittag hin ruhen sie meist, am Nachmittag werden sie wieder etwas lebhafter, erreichen bei weitem aber nicht ihre morgendliche Aktivitätsquote. Wind stört sie relativ wenig, ganz im Gegensatz zu Regen oder Nebel, bei dem sie ihren Flug nahezu ganz einstellen.

Die Paarung der Schwebfliegen erfolgt – angesichts der bemerkenswerten Flugkünste mag dies nicht verwundern – meist innerhalb weniger Sekunden im Flug, teilweise aber auch im Sitzen, wobei sie in diesem Fall auch mehrere Stunden dauern kann.

Während die Männchen schon bald nach der Kopulation sterben, beginnen die Weibchen etwa vier Wochen später mit der Eiablage. Hierzu suchen sie die Pflanzenbestände aktiv ab, stets auf der Suche nach Blattlauskolonien, in deren Umfeld sie ihre Eier gezielt ablegen. Diese werden meist einzeln auf die Blattunterseite oder den Blattrand abgelegt. Die weiß gefärbten Eier sind netzartig strukturiert, etwa

1 Millimeter klein und von länglicher Gestalt. Auf ihren Unterseiten sind die Eier abgeflacht, sie liegen dem Blatt somit flächig auf, die Oberseiten sind jedoch deutlich gewölbt. Je nach Schwebfliegenart können 500 und mehr Eier von einem Weibchen abgelegt werden. Interessant ist dabei, dass gut genährte Weibchen deutlich mehr Eier ablegen als weniger gut ernährte. Ein reiches Angebot an Pollen und Nektar im Garten ist somit sehr förderlich für die Eiablage. Verblüffend ist auch, dass die Weibchen die Größe der Blattlauskolonien offenbar abschätzen können, da in größere Kolonien stets proportional mehr Eier abgelegt werden als in kleinere Kolonien. Beeindruckend, oder? Gegenüber Nässe sind Schwebfliegeneier recht empfindlich, ein länger anhaltender Regen führt zu einer erhöhten Sterblichkeitsrate. Weniger empfindlich reagieren die Eier auf Kälte, dies gilt auch für einen kurzen Nachtfrost im Frühjahr, oder auf unterschiedliche Luftfeuchtigkeit, wobei hierbei 70 Prozent Luftfeuchte als optimaler Wert gilt. Die Eientwicklung dauert im Freiland etwa eine Woche (siehe auch Seite 105).

> »Schwebfliegenlarven sind doch sehr effektive Blattlausräuber. Mehrere hundert Blattläuse soll eine Larve in ihrem kurzen Dasein vertilgen. Stimmt das denn so?«, fragte ich. »Da haben Sie im Grundsatz schon recht«, entgegnete Herr Krampe und rückte sich den Stuhl etwas zurecht.

Schwebfliegen vollziehen während ihres Larvendaseins insgesamt drei Larvenstadien, die durch Häutungen voneinander getrennt sind, wobei die »Fraßleistung« der Larven mit zunehmendem Larvenstadium deutlich ansteigt. Dies lässt sich aufgrund von Erkenntnissen aus Versuchen mit der auch in Gärten weit verbreiteten Winterschwebfliege recht eindrucksvoll in Zahlen dokumentieren. Bezogen auf die Gesamtbeute an Blattläusen entfallen auf das erste Stadium 3 Prozent, auf das zweite Stadium 13 Prozent und auf das letzte Stadium 84 Prozent. Bei einer durchschnittlichen Gesamtlebensdauer der Larve von ein bis zwei Wochen vertilgt sie je nach Art und Witterungsbedingungen 400 bis 700 Blattläuse.

Misst die frisch geschlüpfte Larve nur etwa 1 Millimeter, erreicht sie bis zum Ende ihrer Entwicklung eine Länge von 10 bis 20 Millimetern. Die Larven haben keine Beine, keine Kopfkapsel, also keinen äußerlich dunklen, verfestigten Kopf, und sind zum Körperende hin meist deutlich angeschwollen beziehungsweise zum Kopfende hin zugespitzt. Sie sind von einem klebrigen Schleim bedeckt und bewegen sich auf Kriechwülsten schneckenartig vorwärts. Äußerlich ähneln die Larven kleinen Nacktschnecken. Es gibt sogar Arten, die früher zunächst wirklich den Schnecken zugeordnet worden sind, bis man erkannte, dass es Larven von Schwebfliegen sind.

Schwebfliegenlarven sehen dank ihrer durchsichtigen Außenhüllen häufig recht farbenfroh aus, geprägt vom oft schwarzen Verdauungstrakt, weißen Fettgewebe und von den rötlich gefärbten Ausscheidungsorganen. Teils treten auch Längsstreifen auf.

> »Und wie läuft das jetzt mit der Nahrungsaufnahme ab? Dauert es eigentlich lange, bis eine Blattlaus ausgesaugt ist?«, wollte ich wissen und sah meinen Gegenüber erwartungsvoll an. So langsam fand ich immer mehr Gefallen an dem Thema und wollte jetzt einfach mehr wissen. Es hatte mich schon etwas gepackt. Herr Krampe griff meinen Vorstoß offenbar gerne auf und begann sogleich mit weiteren Erläuterungen.

Bei der Suche nach Beute pendelt die blinde (!) Larve mit ihrem Vorderkörper hin und her, während der Rest des Körpers auf dem Blatt haften bleibt und sich langsam vorwärts bewegt. Vortrefflich beschrieben hat dies der Altmeister der Entomologie, Jean-Henri Fabre (1823 – 1915), den wir hier mit seinem Bericht nicht ungehört lassen wollen.

»Sie haben Glück«, sagte Herr Krampe, »denn ich bin zur Zeit dabei, ältere Texte aufzubereiten und den von Fabre habe ich sogar in meiner kleinen Textsammlung dabei.« Und damit zog er einen Block aus seiner Jacke, blätterte kurz darin und begann zu lesen.

»Mit den klebrigen Bewegungen eines Blutegels kriecht eine weiß, rot und schwarz gestreifte Larve auf der Herde entlang. Sie sucht mit der breiten Unterlage ihres Hinterteils Halt, richtet ihre spitz zulaufende Vorderseite nach oben, schleudert sie jäh und heftig hin und her, schwingt sie, verrenkt sie und lässt sie aufs Geratewohl in die Läuseschicht niedersausen. Ob die Harpune, dieses Mundwerkzeug, hier und dort eintaucht, sie fängt stets etwas, denn Beute ist rundum überall zu finden. Der blinde Vielfraß sticht zu, wie es gerade kommt, und ist stets sicher, etwas zu erwischen, wo immer er auch zupackt. Eine Blattlaus wird mit der Spitze des Mundwerkzeugs, mit der Harpune, herausgefischt, die sich dann sofort wieder zurückzieht. Im Kehlkopf bewegt sich ein Kolben auf und ab, eine Pumpe entleert die Laus. Die Aufgespießte zappelt einen kurzen Augenblick. Erledigt! Die Blattlaus ist versiegt! Mit einer jähen Kopfbewegung wirft die Larve die zerknitterte Haut weg. Und weiter zur nächsten Laus und dann noch zu vielen anderen, bis die Larve gesättigt ist.« (Quelle siehe Seite 156.)

Auch wenn die Schilderungen von Fabre schon bald über hundert Jahre alt sind, ziehen sie einen immer wieder in ihren Bann.

Doch zurück zu unserer Schwebfliegenlarve. Für das Aussaugen einer Blattlaus benötigt sie nur zwei bis drei Minuten und sie kann, insbesondere nach einigen Stunden ohne Nahrung, problemlos zehn bis zwanzig Blattläuse am Stück aussaugen. Schwebfliegenlarven »arbeiten« somit recht effektiv. Hinsichtlich der Tageszeit sind sie bevorzugt dämmerungs- und nachtaktiv, sind aber auch tagsüber, dann jedoch eher lethargisch, in Blattlauskolonien anzutreffen.

Hinsichtlich des Nahrungsspektrums soll an dieser Stelle nicht unerwähnt bleiben, dass Blattläuse sicherlich den Hauptanteil der Nahrung ausmachen, zusätzlich aber auch Schildläuse, Blattflöhe, Weiße Fliegen und Zikaden als Beute genutzt werden können. Es gibt nur

wenige Schwebfliegenarten, die sich gezielt auf einzelne Blattlausarten spezialisiert haben. Die meisten Schwebfliegenarten sind diesbezüglich nicht sehr spezialisiert, auch wenn die »Güte« der Nahrung Einfluss auf die Entwicklung nimmt, der Fraß mancher Blattlausarten also eine bessere Entwicklung der Schwebfliegenlarven zur Folge hat.

»Und Schwebfliegen verpuppen sich wie Käfer, oder?«, fragte ich. »Stimmt«, sagte mein Nachbar und nickte mir zu, »Schwebfliegen durchleben wie Käfer oder auch Schmetterlinge eine vollständige Entwicklung mit einem Puppenstadium.«

Die Puppen der Schwebfliegen haben meist eine typische Birnen- bis Tropfenform, wobei sich viele Arten im Boden verpuppen. Manche, so die häufige Winterschwebfliege verpuppen sich auch am Blatt in unmittelbarer Nachbarschaft der Blattlauskolonie. Die Puppenruhe dauert ein bis zwei Wochen. Der Schlupf der erwachsenen Schwebfliege, der Imago, erfolgt über einen kreisförmigen Deckel der Puppe, den die Schwebfliege von innen aufstemmt.

Die geschlüpfte Imago bleibt noch einige Zeit in der näheren Umgebung der Puppenhülle, da ihre Flügel sich erst entfalten und erhärten müssen. Anschließend setzt sie zu ihrem ersten Erkundungsflug an.

Je nach Art wird dieser Zyklus (»Generation«) vom Ei über die drei Larvenstadien und die Puppe bis zur Imago innerhalb eines Jahres mehrfach durchlaufen. Im Detail ist zu unterscheiden in Arten, die nur eine oder zwei Generationen im Jahr durchlaufen und den Winter als Larven überstehen, und Arten mit mehr als zwei Generationen, die artabhängig als Larven oder auch Imagines überwintern. Zu letzteren gehört *Episyrphus balteatus*, die als Winterschwebfliege bekannt ist, da sie den Winter als bereits begattetes Weibchen an geschützten Stellen in Mauer-

spalten, teils auch nah am Haus oder in der Bodenstreu, überdauert und im Frühjahr bereits zeitig mit der Eiablage beginnt. In der Regel überstehen nur die befruchteten Weibchen den Winter, die Männchen sterben meist vor Winterbeginn. In milden Wintern kann man die Weibchen auch zu dieser Jahreszeit noch fliegend antreffen.

»Was Sie bisher erzählt haben, hört sich wie eine richtige Erfolgsgeschichte an«, stellte ich fest, »da mag man ja fast staunen, dass es überhaupt noch Blattläuse gibt.« »Na, ganz so schlimm wird es dann wohl doch nicht kommen, aber Schwebfliegen sind aufgrund vieler Faktoren schon sehr effektive Nützlinge«, sagte mein Nachbar.

Fassen wir die wichtigsten Punkte, die den Erfolg und die Bedeutung der Tiere beim Einsatz gegen Blattläuse bedingen, noch einmal zusammen: Die Eier werden gezielt in die Blattlauskolonien abgelegt, die Larven benötigen vergleichsweise viele Blattläuse als Nahrung, die erwachsenen Tiere sind durch ihre Flugaktivität sehr beweglich und können Blattlauskolonien auch in größerer Entfernung ausmachen und mit ihren Eiern belegen. Zudem treten aufgrund der Generationsverhältnisse praktisch ganzjährig Schwebfliegen auf, wobei die artabhängig als Imagines überwinternden Tiere bereits ganz früh im Jahr ein erstes Auftreten von Blattläusen unterbinden können.

»Im Fernsehen gab es einmal einen kurzen Bericht über ein Massenauftreten von Schwebfliegen an der Küste. Wie passt das denn jetzt ins Bild?«, wollte ich begierig wissen und lehnte mich in meinem Stuhl zurück.

Wie bei manchen anderen Insekten gibt es auch bei Schwebfliegen Arten, die Wanderungen – im großräumigen Sinne verstanden – durchführen. Viele Fragen sind hierzu noch offen, es kann jedoch festgehalten werden, dass die Wanderungen der Schwebfliegen etwa im Zeitraum von Juli bis Oktober und stets in Richtung Süden oder Südwesten erfolgen. Solche Fernwanderungen sind nicht nur von der westeuropäischen Küste,

sondern auch in Gebirgsregionen (unter anderem in den Pyrenäen) bekannt, wobei sich die Tiere hierbei nicht passiv vom Wind treiben lassen, sondern gezielt den Weg nach Süden suchen – Zugvögeln vergleichbar. Dabei können sie durchaus fünfzig bis hundert Kilometer pro Tag zurücklegen. Ermittelt wurde dies nicht aufgrund von Schätzungen, sondern anhand des Fangs markierter Tiere. Bekannte Wanderschwebfliegen sind beispielsweise die bereits erwähnte Winterschwebfliege oder auch die Mistbiene. Im Gebirge sorgen Pässe für eine Häufung der Tiere, wie wir dies dem Erlebnisbericht eines Biologieprofessors entnehmen können, der seine Beobachtungen an einem 2350 Meter hoch gelegenen Pass in den Vierwaldstätter Alpen zu Beginn des 20. Jahrhunderts wie folgt beschreibt.

> Und damit nahm Herr Kampe wieder seinen Block in die Hand, blätterte kurz darin, nickte andeutungsweise und sagte: »Da haben Sie aber Glück, dass ich den kurzen Textauszug ebenfalls dabei habe.« Dann begann er zu lesen.

»Der Eindruck dieses Wanderzuges war geradezu überwältigend. Man hatte förmlich das Gefühl, auf eine Straße gelangt zu sein, auf der in geradezu bewusst erscheinender Flucht ein gewaltiges Insektenheer nach ... Süden strebte ... Die Zahl der Tiere war ungeheuerlich, eine genaue Feststellung der Individuenzahl, welche den Sattel in einer bestimmten Zeit passierte, war naturgemäß nicht möglich. Als Vergleich mag etwa dienen, dass die Flugdichte reichlich so groß war, wie vor einem stark besonnten Bienenstand bei bester Tracht. Wenn ich danach die Gesamtzahl der Insekten, welche den Pass überflogen, auf rund 1000 Individuen in der Minute schätze, so glaube ich damit eher niedrig als zu hoch gegriffen zu haben.« (Quelle siehe Seite 156.)

> »Es gibt ja immer noch den alten Spruch vom Fressen und Gefressenwerden. Wie verhält sich das denn bei den Schwebfliegen? Feinde gibt es doch sicher auch und wenn es nur ein paar Vögel sind, oder?« Noch während ich fragte, schenkte ich unserem Gast einen Kaffee ein.

Auch Schwebfliegen haben – trotz der geschilderten Mimikry – Feinde und Gegenspieler, die ihnen nachstellen. Für den Betrachter eher unscheinbar, aber recht effektiv, agieren Schlupf- und Erzwespen, die sich in den Larven der Schwebfliegen entwickeln. Auffälliger sind Schwebfliegen jagende Vögel wie Meisen oder Rotkehlchen oder auch Insekten wie Libellen, Raubfliegen, Grabwespen oder Wespen mit ihrer größten Vertreterin, der Hornisse. Auch Spinnen nutzen Schwebfliegen als Beute, häufig lauern sie auf Blüten oder die Schwebfliegen verfangen sich in deren Netzen.

Schwebfliegen als Schädlinge?

Neben den uns nun näher bekannten Blattlausräubern gibt es unter den Schwebfliegen auch einige Gattungen, die als Nahrungsquellen Pflanzen nutzen. Konkret zu nennen sind die Gattungen *Cheilosia, Portevinia, Merodon* und *Eumerus.* Bei manchen Arten leben die Larven minierend, also in einem ausgefressenen Hohlraum, in den Stängeln von Kohl- und Gänsedistel (Schwebfliegenart *Cheilosia caerulescens)*, von Pestwurz (Schwebfliegenart *Cheilosia canicularis)* oder von Disteln (Schwebfliegenarten *Cheilosia chloris, Cheilosia variabilis).* Einige wenige Larven leben als Minierer in den Blättern von Bärlauch (Schwebfliegenarten *Cheilosia fasciata, Portevinia maculata).* Es gibt sogar Arten, die als Larven in Pilzen leben, wie die Art *Cheilosia scutellata,* die Röhrlinge, Trüffeln oder Porlinge als Nahrungsquelle nutzt. Neben diesen ökologisch interessanten Beispielen gibt es auch Schwebfliegenarten, deren Larven zumindest aus gärtnerischer Sicht als Schädlinge eingestuft werden können. Die Rede ist von den Narzissenfliegen, wobei die Große Narzissenfliege *(Merodon equestris)* und die Kleine Narzissenfliege *(Eumerus strigatus)* zu unterscheiden sind.

»Dann ist es wohl vorbei mit ›die Schwebfliege – dein Freund und Helfer‹?«, stellte ich fragend fest. »Wie schädigen denn die Larven die Zwiebeln und bleibt es bei den Narzissen oder sind auch andere Pflanzen gefährdet?«, und mein Blick wanderte in Gedanken auf unser Beet mit den Hyazinthen.

Betroffen sind die Zwiebeln von Narzissen, die als Namensgeber für diese Schwebfliegenarten fungieren, sowie die Zwiebeln von Rittersternen, Hyazinthen, Lilien oder Schwertlilien. Die erwachsenen Tiere nutzen bei ihren Blütenbesuchen insbesondere Disteln und verschiedene Doldenblütler (Kleine Narzissenfliege) beziehungsweise Hahnenfuß, Löwenzahn und Blutstorchschnabel (Große Narzissenfliege).

Optisch ähnelt die Große Narzissenfliege einer Hummel, zudem tritt sie mit insgesamt sieben Farbvarianten auf, einer Vielfalt, die bei Schwebfliegen in dieser Form selten ist. Beide Arten legen ihre Eier direkt an die Zwiebeln oder in deren Nähe in die Erde ab. Die geschlüpften Larven wandern dann bevorzugt zum Zwiebelboden und von dort in die Zwiebel ein und führen dort zu einem Fraßschaden. Während bei der Großen Narzissenfliege nur eine, selten auch zwei bis drei Larven im Innern einer Zwiebel leben, tummeln sich bei der Kleinen Narzissenfliege oft bis zu dreißig Larven in einer Zwiebel. Die Überwinterung erfolgt bei beiden Arten als Larve in der Zwiebel, wobei die Große Narzissenfliege nur eine Generation pro Jahr durchlebt, die Kleine Narzissenfliege hingegen mit bis zu drei Generationen auftritt.

Die Folgen für die Pflanzen werden für den Hobbygärtner rasch offensichtlich: ein kümmerlicher Austrieb, verkrüppelte und oft schnell vergilbende Blätter sowie eine reduzierte oder ganz ausbleibende Blüte. Schneidet man eine solche Zwiebel längs durch, findet sich im Inneren eine braune, zersetzte Pflanzenmasse und die Larven unserer Narzissenfliege. Beide Arten sind in Südeuropa beheimatet, kommen jedoch in ganz Europa vor und wurden auch schon in andere Regionen der Welt eingeschleppt, unter anderem in die USA oder nach Japan.

Schutzmaßnahmen und gezielte Förderung im Garten

Schutzmaßnahmen

> Langsam zogen einige Wolken auf und nahmen der Sonne etwas von ihrer Kraft, was ich aber kaum registrierte, da ich gedanklich weiter bei den Schwebfliegen war. Ich sah meinen Gegenüber fragend an: »Gibt es denn etwas, um Schwebfliegen zu schützen?« Die Antwort folgte prompt.

Wie viele andere Nützlinge reagieren auch Schwebfliegen empfindlich auf den Einsatz von Pflanzenschutzmitteln. Aber auch in diesem Fall muss die jeweilige Situation im Detail – abhängig von der Substanz – betrachtet werden. Nähere Hinweise zur Nützlingsverträglichkeit liefern die Packungsbeilagen der jeweiligen Pflanzenschutzmittel, die Internetseiten der Hersteller oder die Anbieter von Nützlingen (siehe auch Seite 151). Darüber hinaus ist zu beachten, dass junge Larven empfindlicher als ältere Larven sind und die erwachsenen Schwebfliegen je nach Art unterschiedlich auf Pflanzenschutzmittel reagieren. So gilt die Winterschwebfliege als noch vergleichsweise widerstandsfähige Art. Schwebfliegenlarven können durch den Verzehr vergifteter Blattläuse aber auch auf indirektem Wege geschädigt und getötet werden.

Um den erwachsenen Tieren möglichst kurze, vor Feinden geschützte Wege auf ihrer Nahrungssuche anzubieten, sollten die Blütenflächen im Garten möglichst zusammenhängend und vernetzt und nicht isoliert als Inseln verteilt sein. Die Artenvielfalt der Schwebfliegen spiegelt sich auch in den unterschiedlichen Biotopen wider, die sie jeweils besiedeln. Somit kann eine Förderung von Schwebfliegen in ihrer Gesamtheit nur über den Erhalt und die Förderung von Biotopen erzielt werden – und nicht über deren Vernichtung oder Reduktion.

Gezielte Förderung im Garten

»Wenn Schwebfliegen als erwachsene Tiere Pollen und Nektar als Nahrungsquellen nutzen, brauche ich zur Förderung doch eigentlich nur blühende Pflanzen im Garten, oder?«, fragte ich. »Grundsätzlich ist das schon richtig, im Detail ist es dann aber, wie so oft in der Natur, etwas komplexer«, entgegnete unser Nachbar und setzte auch gleich an, um mir Näheres zu erläutern.

Da Schwebfliegen als Imagines auf Pollen und Nektar als Nahrungsquellen angewiesen sind, ist es verständlich, dass die Anwesenheit blühender Pflanzen die Grundlage einer Förderung ist. Das weite Feld blühender Pflanzen lässt sich hierbei auf solche Pflanzen und Pflanzenfamilien begrenzen, die nachweislich bevorzugt von Schwebfliegen besucht werden. Als wichtigste Familie sind hier die Doldenblütler *(Apiaceae)* zu nennen, gefolgt von Korbblütlern *(Asteraceae)*, Liliengewächsen *(Liliaceae)*, Hahnenfußgewächsen *(Ranunculaceae)* und Rosengewächsen *(Rosaceae)*. Der Grund für diese Bevorzugung liegt im Blütenaufbau dieser Familien. Bedingt durch ihre eher kurzen und wenig differenzierten Saugrüssel können Schwebfliegen die Nektarangebote von beispielsweise Blüten mit längeren Röhren nicht nutzen. Aus diesem Grund sind beispielsweise Schmetterlings- oder Lippenblütler als Nektar- und Pollenspender für Schwebfliegen – von wenigen Ausnahmen abgesehen – nicht nutzbar.

Innerhalb der genannten Pflanzenfamilien gibt es wiederum einige »Lieblingsarten«, die bevorzugt angeflogen werden. Zu beachten ist dabei, dass sich darunter – gärtnerisch betrachtet – sowohl Unkräuter als auch Laubgehölze, Sträucher und Kräuter befinden.

»Ich kann Ihnen eine kurze Liste auch gerne einmal auf einem Blatt Papier aufschreiben, wenn es Sie interessiert«, bot mein Nachbar an. »Das wäre wirklich nett«, erwiderte ich und reichte ihm ein leeres Blatt Papier. Da ich im Garten immer meine private Post schreibe, hatte ich gleich ein Blatt griffbereit.

Nektarpflanzen für Schwebfliegen

Pflanzenfamilie	*Botanischer Name*	**Deutscher Name**	Blütezeitraum
Alliaceae	*Allium ursinum*	**Bärlauch**	Mai – Juni
Apiaceae	*Aegopodium podagraria*	**Giersch**	Juni – Juli
Apiaceae	*Angelica sylvestris*	**Wald-Engelwurz**	Juli – September
Apiaceae	*Daucus carota*	**Möhre**	Juni – September
Apiaceae	*Heracleum spondylium*	**Wiesenbärenklau**	Juni – September
Apiaceae	*Pastinaca sativa*	**Pastinak**	Juli – September
Asteraceae	*Cirsium arvense*	**Ackerkratzdistel**	Juli – September
Asteraceae	*Tussilago farfara*	**Huflattich**	Februar – April
Dipsacaceae	*Knautia arvensis*	**Wiesen-Witwenblume**	Juli – August
Euphorbiaceae	*Euphorbia cyparissias*	**Zypressen-wolfsmilch**	April – Mai
Lamiaceae	*Mentha longifolia*	**Rossminze**	Juli – August
Lamiaceae	*Origanum vulgare*	**Dost**	Juli – September
Oleaceae	*Ligustrum vulgare*	**Liguster**	Juni – Juli
Ranunculaceae	*Caltha palustris*	**Sumpfdotterblume**	April – Juni
Ranunculaceae	*Ranunculus repens*	**Kriechender Hahnenfuß**	Mai – Juli
Rosaceae	*Crataegus laevigata*	**Zweigriffliger Weißdorn**	Mai
Rosaceae	*Prunus spinosa*	**Schlehe**	April – Mai
Rosaceae	*Rubus idaeus*	**Himbeere**	Mai – Juni
Salicaceae	*Salix caprea*	**Salweide**	März – April

Da Schwebfliegen ganzjährig auftreten, sollte auch ganzjährig ein Blütenangebot gesichert sein, um möglichst viele Schwebfliegen an den eigenen Garten zu binden. Ansatzweise spiegelt sich dies in der Liste wider. Ergänzende Beispiele für den Herbst sind Goldrute oder Astern, noch später dann der Efeu, der bis in den November blüht. Als Gründüngungspflanze kann Phacelia, die auch unter der Bezeichnung »Bienenweide« bekannt ist, empfohlen werden, weil sie ebenfalls sehr gerne von Schwebfliegen genutzt wird.

Attraktiv für Schwebfliegen wird ein Garten also durch den gezielten Anbau von »Schwebfliegenpflanzen« auf der einen Seite und das Tolerieren von Unkräutern, ungepflegten Ecken und Bereichen auf der anderen Seite.

Aktiver Einsatz im biologischen Pflanzenschutz

»Kann man Schwebfliegen eigentlich auch kaufen? Wenn die Tiere so effektiv sind, gibt es doch sicher jemanden, der sich dieser Idee schon einmal angenommen hat, oder?« Auch auf diese Frage konnte mir unser Nachbar eine Auskunft geben. »Eigentlich erstaunlich, was ich jetzt schon alles über Schwebfliegen gelernt habe«, dachte ich im Stillen.

Wie Marienkäfer oder Florfliegen wurden auch die Schwebfliegen rasch für den kommerziellen Einsatz im biologischen Pflanzenschutz entdeckt. Gezüchtet und im Handel von Nützlingsanbietern vermarktet, wird die bei uns heimische Winterschwebfliege. Die Nützlinge werden je nach Anbieter als Schwebfliegeneier (geliefert auf Bohnenblättern) oder, häufiger, als Schwebfliegenlarven (eingebettet in Buchweizenspelzen) angeboten.

Für die Ausbringung sind einige Anwendungshinweise zu beachten. So ist ein Einsatz nur bei solchen Pflanzen erfolgversprechend, deren Blätter glatte Oberflächen besitzen (zum Beispiel Rose, Paprika, Chrysantheme, Dahlie, Kohl, Salat). Pflanzen mit behaarten Blättern wie Gurke, Usambaraveilchen, Tomate oder Aubergine lassen sich nicht mit Hilfe von Schwebfliegenlarven von Blattläusen befreien, da die Tiere dadurch in ihrer Bewegung eingeschränkt sind und die Maßnahme somit weniger erfolgreich ist.

Sinnvoll ist stets eine gezielte Beschickung auf den betroffenen Pflanzen, weniger eine flächige Verteilung der Eier oder Larven. Werden die Larven mit Spelzenmaterial geliefert, sollten die Pflanzen zuvor von oben bewässert werden, weil die Spelzen mit Larven an feuchten Blättern besser haften bleiben. Als Ausbringungsmenge sollten fünf bis zehn Tiere pro Quadratmeter Pflanzenfläche gerechnet werden, wobei ein wiederholter Einsatz alle zwei Wochen zu empfehlen ist.

Bezüglich der Temperatur sind 18 bis 30 °C bei einer Luftfeuchte von über 60 Prozent optimal für die Schwebfliegenlarven. Die gesamte Entwicklung von *Episyrphus balteatus* vom Ei bis zur erwachsenen

Schwebfliege ist stark temperaturabhängig, bei 17 °C dauert sie im Schnitt etwa 25 Tage.

Damit nahm sich Herr Krampe den noch auf dem Tisch liegenden Zettel und schrieb einige Zahlen darauf. »Das sind alles nur gerundete Angaben«, sagte er fast entschuldigend, »aber so bekommen Sie am ehesten eine Vorstellung von der Temperaturabhängigkeit der Entwicklung.«

Einfluss der Temperatur auf die Entwicklung der Schwebfliege

	Temperatur			
Entwicklungsdauer in Tagen	10 °C	15 °C	17 °C	22 °C
Dauer des Eistadiums	10	4	4	2
Dauer des Larvenstadiums	36	13	10	8
Dauer des Puppenstadiums	35	12	11	7
Gesamtentwicklungsdauer	81	29	25	17

Wirklich effektiv – bezüglich der Zahl der Beutetiere – sind bei der Blattlausjagd vor allem die Larven älterer Larvenstadien. Es darf also nicht verwundern, wenn sich die Wirkung der Schwebfliegen beim Einsatz gegen Blattläuse nicht sofort, sondern etwas verzögert an den betroffenen Pflanzen zeigt.

»Ich glaube, das Wichtigste zum Thema Schwebfliege wissen Sie nun. Mehr Details müsste ich jetzt auch nachlesen. Selbst als Entomologe, also Insektenkundler, hat man nicht alles im Kopf und es gibt ja auch noch mehr als nur Schwebfliegen im Leben«, sagte Herr Krampe. »Was denn zum Beispiel?«, wollte ich wissen. »Ein neues Stück Pflaumenkuchen zum Beispiel«, sagte er und hielt mir lächelnd seinen leeren Teller hin.

Laufkäfer

Es war einer jener Sonntage im Herbst, die für Unternehmungen im Freien wenig einladen: regnerisch, bewölkt und kühl außerdem. »Eigentlich wie geeignet für einen Besuch im Museum«, dachte ich und studierte interessiert die Wochenendausgabe der Zeitung, um vielleicht auf den einen oder anderen Hinweis auf eine Ausstellung oder sogar eine Führung zu stoßen. Beim Naturkundemuseum wurde ich fündig. Angeboten wurde anlässlich der neu gestalteten Insektenausstellung ein Vortrag zum Thema Laufkäfer um 15 Uhr. Laufkäfer – erst kürzlich hatte ich in einer Gartenzeitung einen Hinweis auf die Tiere und ihre Funktion als wichtige Nützlinge gelesen. Angeblich sollten sie täglich Beute in Form von allerlei Schädlingen in Höhe ihres Eigengewichtes verzehren. Dieser Vortrag war nun die Gelegenheit, das Thema etwas zu vertiefen. Rasch noch etwas Geld und einen Schreibblock für eventuelle Notizen eingesteckt, und schon war ich unterwegs Richtung Museum. Laufkäfer, ich komme!

Begrüßt wurden wir, eine Gruppe von etwa fünfzehn Personen, im Vortragsraum des Museums von einem älteren Herrn mit umherblitzenden Augen, der sich als Herr Schrader, Insektenkundler und passionierter Hobbygärtner, vorstellte und uns mit seinem Vortrag gleich etwas in das Thema der Käfer im Allgemeinen einführte.

Grundlagen und Wissenswertes

Käfer sind mit weltweit über 400 000 bekannten Arten nicht nur die artenreichste Insektenordnung, sondern beherbergen auch eine Vielzahl von Arten, denen wir im Garten begegnen können. Hierzu gehören auch Arten vom Rang hochkarätiger Nützlinge. Die Rede ist von Laufkäfern, der Käferfamilie der *Carabidae* (sprich: Kara-bi-dä).

»Als Einstieg für die Laufkäfer in meinem Vortrag will ich Ihnen kurz einen Satz aus einem älteren Buch vorlesen, bei dem Sie merken werden, dass wir es bei diesen Käfern mit echten Räubern unter den Insekten zu tun haben«, begann Herr Schrader. »Was natürlich«, fügte er hinzu und hierbei blitzten seine Augen erwartungsvoll auf, »das Herz eines jeden Hobbygärtners höher schlagen lässt.«
Mit diesen Worten öffnete er seine Unterlagen und begann zu lesen: »Sie streichen einzeln, die meisten zur Nachtzeit oder in der Dämmerung, umher, um nach Art der Katzen ihre Beute zu überfallen und zu überwältigen.« (Quelle siehe Seite 156.)

Die überwiegende Zahl der Laufkäfer ernährt sich als Larve und ausgewachsener Käfer räuberisch von anderen Insekten, Regenwürmern, Schnecken und Spinnentieren, denen sie bevorzugt am Boden nachstellen. Entsprechend ihrem Lebensraum Boden werden Laufkäfer im Englischen auch als »ground beetle« (»Bodenkäfer«) bezeichnet. Die dunklen Laufkäfer sind meist nachtaktiv, wobei ihre Hauptaktivitätsphase etwa zwei Stunden nach Sonnenuntergang liegt. Manche wie der Lederlaufkäfer *(Carabus coriaceus)* oder der Schwarze Grabläufer *(Pterostichus melanarius)* sind aber auch am Tage aktiv.

Auf ihre räuberische Ader weist auch die Bezeichnung *Adephaga* hin, der Name einer Unterordnung der Käfer, zu der die Laufkäfer gerechnet werden: *Adephaga* leitet sich aus dem Griechischen ab (»adephagos«) und bedeutet »gefräßig«. Die Höhe ihres täglichen Nahrungsbedarfs entspricht dabei etwa ihrem Körpergewicht. Verständlich, dass Laufkäfer nicht nur im Garten gerne gesehen werden, sondern auch im Erwerbsanbau oder in der Landwirtschaft.

»Wie erkenne ich denn nun einen Laufkäfer im Garten?«, wollte eine junge Frau wissen. »Gibt es da vielleicht ein sicheres Erkennungsmerkmal?« »Ganz einfach ist es nicht«, entgegnete Herr Schrader.

Laufkäfer sind schlanke, kräftig gebaute Tiere, die meist dunkel oder schwarz gefärbt sind und oft einen metallischen Glanz aufweisen. Sie besitzen kauend-beißende Mundwerkzeuge und große, kräftig gebaute Beine, mit denen sie sich am Boden rasch fortbewegen können. So benötigt beispielsweise der Goldlaufkäfer *(Carabus auratus)* für eine Strecke von einem Meter zehn bis fünfzehn Sekunden. Mit einer der schnellsten Laufkäfer ist die Körnerwarze *(Carabus cancellatus)*, die für die gleiche Strecke nur sechs Sekunden braucht. Beim Laufen bewegen sich die Tiere sehr sicher und koordiniert. Der Bewegungsablauf ist wie bei anderen Käfern so gesteuert, dass sie stets mit drei Füßen – zwei Füße auf der einen Seite und ein Fuß auf der anderen Seite und dann jeweils im Wechsel – Bodenkontakt besitzen. Ein Umkippen ist somit auch im unwegsamen Gelände praktisch unmöglich. Alle Laufkäferarten haben – allerdings nur für den erkennbar, der genauer hinsehen kann – Fühler mit stets elf Gliedern und fünfgliedrige Füße (Tarsen).

Auch wenn Laufkäfer allgemein eher mit größeren Käferarten in Verbindung gebracht werden, reicht das Spektrum bezüglich der Körperlänge (also ohne Fühler gemessen) der bei uns heimischen Arten von etwa 2 Millimetern (zum Beispiel Gemeiner Handkäfer, *Dyschirius globosus)* bis zu 6 Zentimetern (zum Beispiel Riesenlaufkäfer, *Procerus gigas)*, was einem Größenfaktor von etwa 30 entspricht.

Artenspektrum

»Wir Menschen gehören wie die Raubtiere, Nagetiere, Paar- und Unpaarhufer oder auch die Wale in den Meeren zu den Säugetieren«, erläuterte Herr Schrader, »von denen es weltweit etwas mehr als 4000 Arten gibt. Was glauben Sie wohl, wie viele Laufkäferarten es gibt – weltweit wohlgemerkt?« Rasch hatten sich einige Zuhörer mit ihren Schätzwerten zu Wort gemeldet. Unsere höchste Schätzung lag bei 7000 Arten, die meisten nannten Werte deutlich darunter. Offenbar lagen wir alle völlig falsch, wie uns das »Sie-werden-noch-staunen-Gesicht« unseres Laufkäferexperten vermuten ließ.

Weltweit gibt es etwa 40 000 Laufkäferarten, wobei in Mitteleuropa etwa 750 Arten auftreten und in Deutschland derzeit etwa 550 Arten beschrieben sind. Laufkäfer kommen dabei nicht nur bei uns im Garten als Nützlinge vor, sondern haben sich – artabhängig – eine Vielzahl unterschiedlicher Lebensräume erschlossen. Zu nennen sind unter anderem Wälder, Moore und Küstengebiete. Aber auch im Hochgebirge sind Laufkäfer zu Hause, ebenso wie in Steppen und Wüstengebieten. Da viele Arten recht eng an bestimmte Biotope gebunden sind, werden solche spezialisierten Laufkäferarten sehr häufig auch als Indikatoren für Untersuchungen im Natur- und Umweltschutz genutzt. Bedingt durch den Rückgang mancher Biotope wurden viele Laufkäferarten bereits in die Rote Liste gefährdeter Arten aufgenommen. Manche Arten sind außerdem in der Bundesartenschutzverordnung als besonders geschützte (unter anderem alle heimischen *Carabus*- und *Calosoma*-Arten) oder sogar als streng geschützte Arten (unter anderem Hochmoorlaufkäfer, *Carabus menetriesi,* oder Schwarzer Grubenlaufkäfer, *Carabus nodulosus)* aufgeführt. Diese dürfen beispielsweise neben anderen Auflagen nicht der Natur entnommen, beschädigt oder gar getötet werden, und nur die Naturschutzbehörden können hiervon Ausnahmen erteilen. Dadurch wird den Tieren ein ungleich größerer Schutz zuteil, als es die Bundesartenschutzverordnung gegenüber wildlebenden Tieren generell regelt, wo allein »vernünftige Gründe« die rechtliche Basis für ein entsprechendes Verhalten sind (»… verboten,

wildlebende Tiere mutwillig zu beunruhigen oder ohne vernünftigen Grund zu fangen, zu verletzen oder zu töten«).

»Wie Sie angesichts der hohen Artenanzahl wahrscheinlich bereits vermuten, ist auch die Ernährung der Laufkäfer nicht bei allen Arten gleich, auch wenn es bei den einzelnen Arten ähnliche Grundzüge gibt«, erläuterte Herr Schrader und richtete seinen Blick auf die Leinwand, auf der bereits die nächsten Bilder seines Vortrags erschienen. »Sehen wir uns das Spektrum an Möglichkeiten einmal etwas näher an.«

Während einige Laufkäferarten auch pflanzliche Nahrung nutzen (siehe Seite 118), ernährt sich der überwiegende Teil rein räuberisch von anderen Tieren. Innerhalb dieser zwei Gruppen sind manche Spezialisierungen erkennbar, die mit den besiedelten Biotopen zusammenhängen.

So ernährt sich beispielsweise der Große Puppenräuber *(Calosoma sycophanta)* bevorzugt von Schwammspinnerraupen und anderen Raupen, denen er auf Bäumen sehr erfolgreich nachstellt. Über ihn wird noch an anderer Stelle zu berichten sein (siehe Seite 122). Frostspannerraupen und Raupen von Wicklerarten sind hingegen die bevorzugte Beute des Kleinen Puppenräubers *(Calosoma inquisitor)*. Auch *Lebia*-Arten (Prunkkäfer) sind auf Sträuchern und Bäumen aktiv und jagen dort Blattläuse, andere Insekten, deren Larven und verzehren auch Eigelege. Stark abgeflachte Arten wie der Schwarze Rennkäfer

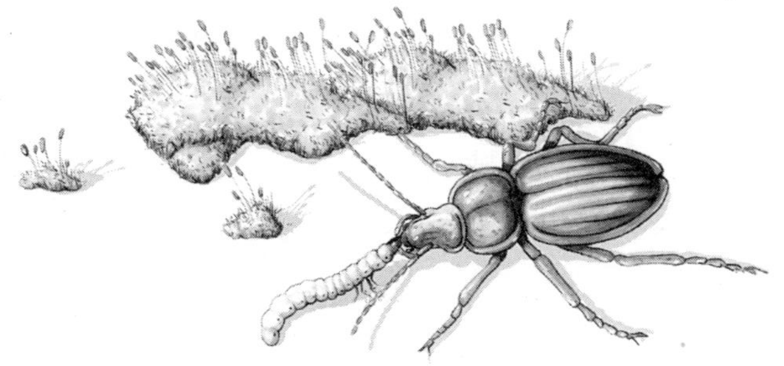

(Syntomus truncatellus) oder die verschiedenen *Dromius*-Arten lassen bereits erahnen, dass diese Laufkäfer als Räuber Jagd auf Insekten unter der Baumrinde machen.

Arten der Gattung *Cychrus* jagen insbesondere Nackt- und Gehäuseschnecken am Boden. Auch enge Gehäuse stellen für diese Arten keine Probleme dar, da die Käfer mit ihren schmalen Brustabschnitten und beweglichen Köpfen ihrer Beute auch in solchen Fällen noch gut nachstellen können. Auch hinsichtlich des Schneckenschleims haben diese Laufkäferarten Methoden entwickelt, um sich diesem und seiner verklebenden Wirkung zu entziehen. Einige Arten wie der Riesenlaufkäfer *(Procerus gigas)* haben sich sogar auf bestimmte Schneckenarten, in diesem Falle auf Weinbergschnecken, spezialisiert. Manch kleinere Arten wie Laufkäfer der Gattungen *Notiophilus* oder *Leistus* jagen speziell Springschwänze (Collembolen).

Die Fingerlaufkäfer (Gattung *Dyschirius)* besitzen gut ausgebildete, kräftige Grabbeine und nutzen insbesondere die im Boden lebenden Larven von Kurzflügelkäfern als Beute. Manche Laufkäfer besiedeln bevorzugt Höhlen oder Grotten, wobei einige von ihnen wie der Grotten-Dunkelkäfer *(Pristonychus terricola)* auch in Kellerräumen vorkommen können. Als Nahrungsgeneralisten gelten insbesondere viele *Carabus*-Arten oder auch Arten der Gattung *Abax,* die speziell am Waldboden häufiger auftreten. Die Nähe zum Wasser sucht beispielsweise der flugfähige Ufer-Laufkäfer *(Carabus clathratus)*, der im Wasser gut schwimmen, auch tauchen, kann und bevorzugt Jagd auf Tiere im Wasser und in Ufernähe macht.

Auch Aas wird von Laufkäfern als Beute nicht verschmäht, jedoch muss dieses noch eine gewisse »Frische« aufweisen. Laufkäfer, die an bereits stärker zersetztem Aas gefunden werden, haben es eher auf die darin lebenden Fliegenlarven als auf das Aas an sich als Nahrung abgesehen. Einige Laufkäfer wie der Hain-Laufkäfer *(Carabus nemoralis)* nutzen neben tierischer Nahrung auch das an süßen Säften reiche Fallobst unter Bäumen.

Diese Beispiele zeigen, dass sich bei Laufkäfern ein deutlich größeres ökologisches Fenster öffnet, als es der Name *Lauf*-Käfer vielleicht vermuten lässt.

Biologie und Ökologie

»Nachdem wir nun schon Einiges über Laufkäfer wissen, betrachten wir im Folgenden einmal den Lebenslauf eines solchen Käfers«, setzte Herr Schrader seinen Vortrag fort.

Wie alle Käfer vollziehen auch Laufkäfer eine vollständige Entwicklung vom Ei über mehrere – beim Laufkäfer drei – Larvenstadien und ein Puppenstadium zum erwachsenen Käfer, der Imago.

Die Eier werden einzeln oder als kleines Gelege vom Weibchen in den Boden abgelegt, wobei es je nach Art zwanzig bis sechzig Stück sein können. Bei den *Carabus*-Arten sind die Eier weißlich gefärbt, zylindrisch in der Form mit gerundeten Ecken und etwa 5 Millimeter lang.

Die aus den Eiern schlüpfenden Larven sind zunächst noch weiß gefärbt, dunkeln jedoch innerhalb der nächsten fünfzehn Stunden deutlich nach. Nach drei bis vier Tagen verlassen die Larven ihren Geburtsort und kommen auf die Erdoberfläche, auf der sie wie später auch als erwachsene Käfer ihrem räuberischen Leben nachgehen. Bei Gefahr oder Störung können sich die Larven rasch in den Boden eingraben. Die Larven sind lang gestreckt, tragen einen vorstehenden Kopf, drei Brustsegmente mit insgesamt sechs gut ausgebildeten Beinen, gefolgt von neun beinlosen Hinterleibssegmenten. Insbesondere die Körperoberseiten der Larven, weniger auch die Unterseiten, sind deutlich mit stabilen »Platten« bekleidet. Wie erwähnt, durchläuft eine Larve drei Stadien, die durch Häutungen voneinander getrennt sind, zu denen sich die Larve jeweils in den Boden eingräbt.

Auch die Verpuppung erfolgt im Boden, in einer Tiefe von etwa 20 Zentimetern. Bei der Puppe handelt es sich um eine sogenannte freie Puppe (Pupa libera), bei der alle Extremitäten frei anliegen und gut zu sehen sind. Andere Puppenformen sind beispielsweise die Mumienpuppen (Pupa obtecta), bei denen die Körperanhänge mit einer Flüssigkeit verklebt sind.

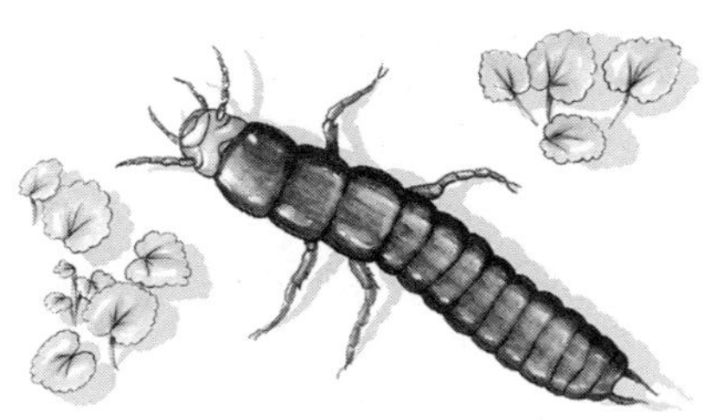

Diese Puppenform kommt bei vielen Schmetterlingen vor. Die frisch geschlüpften Käfer sind wie zunächst auch die Larven zu Beginn weiß gefärbt und dunkeln innerhalb des ersten Tages rasch nach.

Die Dauer der einzelnen Entwicklungsstadien – Ei, Larve, Puppe – ist je nach Art und Temperatur recht unterschiedlich. In der Regel dauert die Embryonalentwicklung nur wenige Tage bis Wochen, während die Larven meist acht bis zehn Wochen leben. Das Puppenstadium benötigt eine bis mehrere Wochen.

Alle Laufkäfer vollziehen nur eine Generation pro Jahr, wobei je nach Art entweder die Larve oder der Käfer überwintert. Im letzteren Fall erfolgen die Ablage der Eier und die folgende Larvenentwicklung im Frühjahr und Sommer (»Frühjahrsbrüter«), wobei die neuen Käfer im Herbst schlüpfen. Überwintert hingegen die Larve, tritt der neue Käfer im nächsten Frühjahr auf und Eiablage und Larvenentwicklung folgen im Herbst (»Herbstbrüter«).

Bei der Paarung sitzt das Männchen rücklings auf dem Weibchen. Während der Kopulation bleibt das Weibchen häufig weiter mit Nahrungssuche oder Fraß aktiv, sodass die Tiere auch im »Doppelpack« laufend zu sehen sind. Die erwachsenen Tiere sterben nach der Begattung oder Eiablage nicht, sondern können je nach Art zwei bis vier Jahre alt werden. Für in Zucht gehaltene *Carabus*-Arten werden sogar zwanzig Jahre angegeben.

Herr Schrader warf das nächste Bild an die Wand, fixierte es kurz und wandte sich wieder zu uns. »Eingangs hatten wir bereits erwähnt, dass Laufkäfer wie viele andere Käfer kauend-beißende Mundwerkzeuge besitzen. So weit, so gut. Aber das darf man sich nicht wie eine Raubtierfütterung im Zoo vorstellen.« Er bewegte sich langsam in Richtung Fenster. »Die Art der Nahrungsaufnahme ist bei den Laufkäfern je nach Art und Größe unterschiedlich. Teils zwar weniger appetitlich, aber wenn Sie gerade nichts essen«, und damit richtete er einen vielsagenden Blick auf einen Jugendlichen, der sich gerade einen Schokoriegel in den Mund schob, »kann ich es Ihnen ja ruhig erzählen.«

Insbesondere die großen Arten pflegen bei der Nahrungsaufnahme die Methode der sogenannten extraintestinalen Verdauung. Die Beute wird dabei mit den Kiefern, den Mandibeln, festgehalten, sodass eine Flucht nicht möglich ist. Anschließend erbricht der Käfer eine dunkle, aus seinem Mitteldarm stammende Verdauungsflüssigkeit, die sich über die fixierte Beute ergießt. Mit Hilfe seiner Mundwerkzeuge arbeitet der Käfer die rasch wirkenden Sekrete in die Beute ein und verteilt sie, sodass ein homogener Brei entsteht. Den so entstandenen, bereits vorverdauten Brei saugt der Laufkäfer dann in flüssiger Form auf.

Während die größeren Laufkäfer diese auf den ersten Blick wenig appetitliche Art der Nahrungsaufnahme praktizieren, zerbeißen die kleineren Arten ihre Beute meist auf klassische Weise und fressen sie auf, wobei auch sie bereits im Mund- oder Kropfbereich häufig Verdauungsflüssigkeit absondern. Während weichhäutige Larven auf diese Weise nahezu vollständig verzehrt werden, bleiben bei erbeuteten Käfern, Maulwurfsgrillen oder anderen Insekten deren chitinreiche, harte Körperteile wie Flügeldecken, Beine oder Köpfe als unverdauliche Reste übrig.

> »Können Laufkäfer eigentlich fliegen?« Die Frage kam von einem jungen Mann, der sich zu Beginn des Vortrags neben mich gesetzt hatte. »Maikäfer und andere Käfer sind ja teils recht flugaktiv«, ergänzte er. Doch Herr Schrader schüttelte bereits leicht mit dem Kopf: »Das mit den Flugkünsten der Laufkäfer ist schon eine besondere Sache.«

Die streifigen Flügeldecken sind stets gut ausgebildet und dominieren das Aussehen eines Laufkäfers. Dies lässt jedoch nicht auf eine ebenso gute Ausbildung der darunterliegenden häutigen Hinterflügel schließen, die für den Flug benötigt werden. Allgemein lässt sich festhalten, dass die meisten Laufkäfer flugunfähig sind. Die Gründe hierfür liegen zum Beispiel darin, dass die Flügeldecken im Verlauf der Evolution entlang der Längsnaht zusammengewachsen sind, die Hinterflügel selbst deutlich verkürzt sind oder die Flugmuskulatur bei Weibchen zugunsten der Eiproduktion abgebaut worden ist. In der Regel wird man Laufkäfer also eher laufend als fliegend antreffen.

Angesichts der Größe mancher Laufkäferarten mag es übrigens nicht verwundern, dass Laufkäfer teilweise auch schwimmend bei der Überquerung von Bächen oder Flüssen angetroffen werden können. Manche Arten wie der Goldlaufkäfer machen dies offenbar regelmäßig, zumindest finden sich Exemplare dieser Art nicht selten in den Mägen von gefangenen Forellen.

> »Doch kommen wir zurück zum Vortrag und richten unser Augenmerk einmal auf mögliche Feinde der Laufkäfer.« Dabei ging Herr Schrader langsam wieder in Richtung Leinwand. »Auch wenn es auf den ersten Blick nicht den Anschein hat, auch Laufkäfer haben eine Reihe von Feinden, die ihnen nach dem Leben trachten.«

Als Feinde der Laufkäfer sind insbesondere Maulwürfe, Spitzmäuse, Igel, Fledermäuse, Vögel, Kröten und Frösche zu nennen. Aber auch eine Reihe von Parasiten wie Faden- und Saitenwürmer, Milben, Zehr- und Brackwespen treten als natürliche Feinde der Laufkäfer auf. Auch Ameisen lassen die Käfer nicht ungehindert gewähren, so kommen zunehmend weniger Laufkäfer vor, je näher wir uns an einem Ameisennest befinden, da die Käfer von Ameisen als Beute angesehen werden. Unter Zuchtbedingungen kann es bei Laufkäferlarven auch zu Kannibalismus kommen, unter natürlichen Bedingungen ist dies jedoch nicht näher bekannt.

> »Aber«, so fuhr Herr Schrader fort, »die Evolution hat auch die Laufkäfer nicht allein gelassen. Zum Schutz vor Feinden haben die Tiere einige Abwehrmechanismen entwickelt. Auch sollten Sie sich in Acht nehmen, wenn Sie beabsichtigen, einen Laufkäfer einmal näher betrachten oder in die Hand nehmen zu wollen.«

Wer einen Laufkäfer in die Hand nimmt, sollte sowohl dessen Vorder- als auch Hinterende im Blick haben. Die bereits erwähnten Verdauungssäfte riechen äußerst schlecht und haften außerdem für einige Tage auf der Haut, zudem könnten die Tiere versuchen, mit ihren Mundwerkzeugen zu beißen. Im Hinterleib befinden sich darüber hinaus sogenannte Pygidialdrüsen, die in Afternähe münden und aus denen unangenehm riechende und teils giftige Stoffe austreten können.

Als Sonderfall seien diesbezüglich die Bombadierkäfer *(Brachinus explodens)* genannt, die schon vom Namen her auf wenig Gutes schließen lassen. Bereits Ende des 18. Jahrhunderts wurden erste Berichte über diesen Laufkäfer und seine besonderen Eigenschaften veröffentlicht: »Er lässt nämlich seinen Verfolgern … einen bläulichen Dunst, den ein ziemlicher Gestank und Knall begleitet, ins Gesicht. Erschrocken, wir wissen nicht, ob über den Schuss oder über den Gestank, rennt der Feind davon … Es müsste äußerst unterhaltend sein, die ganze Einrichtung genau zu kennen.« (Quelle siehe Seite 156.)

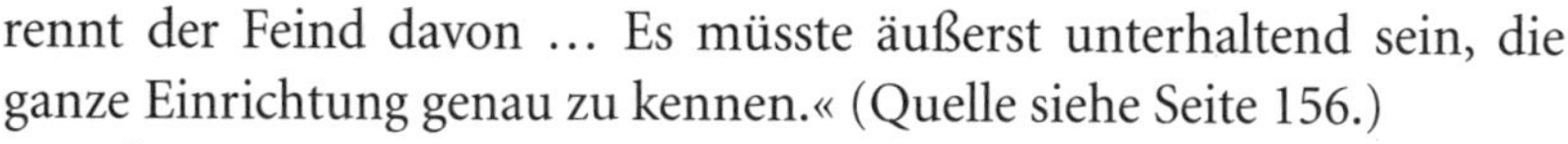

Schauen wir uns diesen lebendigen Chemiebaukasten also einmal etwas näher an.

Wesentliche Bestandteile sind die eigentlichen Drüsen, eine Sammelblase sowie eine Reaktionskammer. Die in den Drüsen gebildeten Verbindungen, bestimmte Chinone und Wasserstoffperoxid, lagern gemeinsam in einer Sammelblase. Wird der Käfer gereizt oder fühlt er sich bedroht, öffnen sich die Verschlussklappen und die Flüssigkeit fließt in die Reaktionskammer. Durch die in den Kammerwänden befindlichen Sekretdrüsen werden Enzyme freigesetzt, die dann unter einem hörbaren Knall das Wasserstoffperoxid zu Wasser und Sauerstoff abbauen, wodurch die Flüssigkeit unter hohem Druck und hoher Tem-

peratur bis zu eineinhalb Meter weit nach außen spritzt. Diese in ihren Einzelheiten erst zu Beginn der 60er-Jahre aufgeklärte Reaktion ist dabei nicht nur einmal möglich, sondern kann oft wiederholt werden, gemessen wurden einmal achtzig Schuss in vier Minuten!

Laufkäfer als Schädlinge?

»Mein Vater hatte früher eine Landwirtschaft und er war, soweit ich mich erinnere«, so ein älterer Herr, der dem Vortrag bisher sehr interessiert gefolgt war, »auf manche Laufkäfer weniger gut zu sprechen. Wie passt denn das ins bisherige Bild?« »Ihre Frage kommt genau zum richtigen Zeitpunkt, diesen Aspekt wollte ich sowieso gerade besprechen«, entgegnete Herr Schrader.

Auch wenn die Mehrzahl der Laufkäfer als Räuber aktiv ist und vom Hobbygärtner unbemerkt im Garten so manche pflanzenschädigende Larve vertilgt, muss das Bild vom Nützling Laufkäfer zumindest in einigen wenigen Fällen korrigiert werden. Anzuführen sind beispielsweise einige Mischkostesser wie der Behaarte Schnelllaufkäfer *(Harpalus rufipes)*, dessen Kost zur Hälfte pflanzlich ist, oder der Kupferfarbene Listkäfer *(Poecilus cupreus)*, der sich zumindest im Frühjahr zu zwei Drittel von Pflanzen ernährt, im Garten aber nicht negativ auffällt. Wieder andere Arten ernähren sich ausschließlich von Pflanzen. Insbesondere in der Landwirtschaft relevant ist der Getreidelaufkäfer *(Zabrus tenebrioides)*, der als erwachsener Käfer die reifenden Getreidekörner frisst, als Larve nachts die Blätter der Pflanze zerkaut und ansonsten in selbst gegrabenen, senkrechten Röhren im Boden lebt, in die er teilweise auch Blätter hineinzieht. Größere Ausfälle von bis zu hundert Prozent der Ernte sind möglich und insbesondere aus früheren Jahrzehnten bekannt. Heute tritt der Getreidelaufkäfer weniger häufig auf, wobei er auch früher nicht regelmäßig, sondern eher sporadisch auftrat (»Gelegenheitsschädling«). Gefährdet sind insbesondere Pflanzen auf schweren Böden in trockenwarmen Regionen.

Auch an den Früchten von Erdbeeren können verschiedene Laufkäferarten schädigend auftreten, wobei es hierbei im Detail zu differenzieren gilt: Der Erdbeerlaufkäfer *(Pterostichus melanarius)* frisst bevorzugt Löcher in das Fruchtfleisch, auf die einzelnen Samen hat es hingegen der Erdbeersamenkäfer *(Harpalus pubenscens)* abgesehen, wobei sich an dessen Fraßstellen nachfolgend häufig Pilze ansiedeln und die Frucht auf diese Weise für Menschen rasch unbrauchbar wird. Der Erdbeersamenkäfer wird teilweise auch in Saatbeeten von Laub- oder Nadelgehölzen angetroffen, wo er recht unspezifisch am Saatgut oder an den auflaufenden Keimpflanzen frisst.

Schutzmaßnahmen und gezielte Förderung im Garten

Schutzmaßnahmen

> »Wenn Sie einen Garten haben«, erläuterte unser Laufkäferexperte weiter, »können Sie den Tieren das Leben mit Hilfe einiger Schutzmaßnamen zumindest leichter machen, wenn auch in Grenzen.«

Laufkäfer treten wie geschildert in einer hohen Artenfülle auf und haben eine teils sehr enge Bindung an ihre artspezifischen Biotope. Laufkäferschutz ist also in erster Linie Biotopschutz! So sind es weniger die Generalisten unter den Laufkäfern als vielmehr die Spezialisten, die sich bei Reduktion oder gar dem Verschwinden ihrer Biotope rasch nur noch als Einträge in der Roten Liste wiederfinden. Schutz- und Fördermaßnahmen im eigenen Garten sind somit immer nur eine begrenzte Hilfe – die aber trotz aller Einschränkungen dennoch umgesetzt werden sollten!

Auf Pflanzenschutzmittel reagieren viele Laufkäfer je nach Substanz sehr empfindlich. Sofern möglich, sollte auf einen Einsatz verzichtet oder auf nützlingsschonende Mittel ausgewichen werden (siehe auch Seite 155).

Wer in seinem Garten mit Bierfallen gegen Schnecken vorgehen will, sollte darauf achten, dass sich der Rand des eingegrabenen Bechers oder Glases zwei bis drei Zentimeter über das Erdniveau erhebt. Anderenfalls besteht die Gefahr, dass sowohl die auf dem Boden und in der Nacht aktiven Laufkäfer als auch deren Larven die Falle übersehen, in sie hineinfallen und sterben.

Gezielte Förderung im Garten

»Neben diesen Schutzmaßnahmen sind auch gezielte Maßnahmen zur Förderung der agilen Krabbler möglich und hier spreche ich nicht nur die Biogärtner unter Ihnen an«, ergänzte Herr Schrader seine bisherigen Ausführungen, »sondern auch alle anderen können aktiv werden.«

Vorteilhaft sind grundsätzlich Unterschlupfmöglichkeiten in Form von Laub-, Stein- oder auch Holzhaufen. Mit diesen einfachen Möglichkeiten ist schon vielen Laufkäfern geholfen. Insbesondere Lücken zwischen Steinen werden gerne als Versteckmöglichkeiten genutzt, alternativ zum Steinhaufen können als einfache Maßnahme auch einige Dachziegel auf dem Gartenboden verteilt werden.

Viele Laufkäferarten nutzen Hecken aus Laubgehölzen und Sträuchern sowohl als Rückzugsorte als auch als Überwinterungsquartiere. Hecken mit einer Breite von über drei Meter werden dabei nicht nur in den Randzonen von den in den Garten oder die angrenzenden Flächen ausschwärmenden Arten genutzt, sondern können darüber hinaus als eigene Biotope auch reine »Hecken-Laufkäferarten« beherbergen.

Da die meisten Laufkäferarten einen bedeckten Boden bevorzugen, sollten weiterhin reine Brachflächen vermieden werden.

Grundsätzlich sind es also die eher unaufgeräumten Ecken in einem Garten, die von Laufkäfern besonders geschätzt werden. Dazu gehört auch die Tolerierung von »Unkräutern« in Maßen.

Eine Zuwanderung von Laufkäfern von benachbarten Grünflächen ist grundsätzlich möglich. Manche Hindernisse wie etwa ein drei Meter

breiter, asphaltierter Weg sind für manche Laufkäfer jedoch nicht zu überwinden und schränken damit eine natürliche Ausbreitung ein.

Muss im Garten ein Baum gefällt werden, sollte zumindest der Baumstumpf im Boden bleiben, da viele Laufkäfer Baumstümpfe gerne als Versteck oder Überwinterungsplatz nutzen.

Aktiver Einsatz im biologischen Pflanzenschutz

»Das Potential von Laufkäfern als gezielt im biologischen Pflanzenschutz einsetzbare Nützlinge wurde schon früh erkannt«, erläuterte Herr Schrader, »insbesondere der Große Puppenräuber, der als einer der wenigen Laufkäfer auf Bäumen Raupen und Puppen insbesondere des Eichenprozessionsspinners nachstellt, wurde diesbezüglich als einer der ersten näher ins Auge gefasst.«

Bereits 1840 gab es mit dem Großen Puppenräuber erfolgreiche Versuche an Weiden gegen den dort aktiven Schwammspinner, einen Schmetterling mit gefräßigen Raupen, die ganze Sträucher und Bäume entlauben können. Die große Stunde dieses Laufkäfers schlug jedoch Anfang des 20. Jahrhunderts, als in den USA aus Europa eingeschleppte Raupen wie der Goldafter, eine gespinstbildende Raupe, oder der genannte Schwammspinner für größere Schäden sorgten. Rasch war die Idee geboren, einen natürlichen Feind, den Großen Puppenräuber *(Calosoma sycophanta)*, in die Staaten einzuführen und gezielt gegen die Raupen einzusetzen. Ein in die USA verschickter Grundstock von 6000 Tieren wurde in den Jahren 1905 bis 1910 genutzt, um vor Ort weitere Käfer zu züchten, sodass nach wenigen Jahren etwa 20 000 Tiere zur Verfügung standen. Diese wurden dann in kleineren »Bekämpfungseinheiten« zu je 200 Käfern gezielt an den Befallsstellen freigelassen. Bedingt durch ihre große Fraßleistung – eine Larve frisst während ihrer Entwicklungszeit etwa 40 Schwammspinnerraupen, der erwachsene Käfer schafft über das Jahr verteilt sogar die zehnfache Menge –, ihren großen Aktionsradius – junge Larven können in drei Tagen etwa 2700 Meter zurücklegen – und den bevorzugten Fraß weiblicher Puppen konnten die Puppenräuber die Raupenkalamität in den Staaten erfolgreich beseitigen. Heute ist der Große Puppenräuber erfolgreich in den USA eingebürgert und verrichtet dort als Nützling weiter seinen Dienst.

Neben dem hier näher beschriebenen Großen Puppenräuber gibt es noch weitere Puppenräuberarten unter den Laufkäfern. Anzuführen ist beispielsweise der Goldpunkt-Puppenräuber *(Calosoma maderae),* der tagsüber – am Boden, nicht auf den Bäumen – Jagd auf Raupen, Schnecken und Käferlarven macht. Weiterhin ist der Genetzte Puppenräuber *(Calosoma reticulatum)* zu nennen, der ebenfalls am Boden verschiedenen Raupen nachstellt, bei uns allerdings vom Aussterben bedroht ist. Diese beiden Puppenräuberarten wurden bisher jedoch nicht aktiv im biologischen Pflanzenschutz eingesetzt.

Die Anregung, Käfer als Fraßfeinde gegen unliebsame andere Tiere einzusetzen, geht unter anderem auf den französischen Naturforscher René-Antoine Ferchault de Réaumur (1683 – 1757) zurück, der bereits damals die Empfehlung ausgesprochen hatte, den Großen Puppenräuber gegen Raupen einzusetzen, da dieser Käfer »unter diesen wie ein Wolf unter Schafen grausame Verwüstungen anstelle«. (Quelle siehe Seite 156.)

»Damit wünsche ich Ihnen zur vorgerückten Stunde noch einen erholsamen Nachhauseweg und wenn Sie wieder einmal im Garten sind, denken Sie an unsere Laufkäfer. Und damit bin ich auch wirklich am Ende meines Vortrages angelangt.« Er verbeugte sich kurz und wir bedachten ihn mit ausreichend Beifall. Als ich mich nach dem Vortrag wieder draußen vor dem Museum wiederfand, schlug mir kalter Wind entgegen. »Können Laufkäfer eigentlich auch frieren?«, dachte ich. »Diese Frage hat er in seinem Vortrag nicht beantwortet.«

Während ich noch damit beschäftigt war, meine Jacke zu schließen, verließ auch Herr Schrader das Gebäude und hielt kurz neben mir inne. »Recht frisch, oder?«, meinte er und rieb die Hände aneinander. »Als Laufkäfer hätten sie damit weniger Probleme, da die Tiere verschiedene Anpassungsstrategien an tiefe Temperaturen entwickelt haben. Dazu gehört insbesondere die verstärkte Bildung von Verbindungen wie Glycerin, die als »Frostschutzmittel« den Gefrierpunkt erniedrigen. Dabei kann der Glycerinspiegel im Blut der Insekten, der Hämolymphe,

teils sehr hohe Konzentrationen annehmen, sodass die Tiere, insbesondere viele Carabus-Arten auch Temperaturen von minus 60 °C vertragen können.« Dabei hauchte er etwas Atem aus, der sich in der kalten Luft als Nebel niederschlug. »Auch arktischen Wintern sehen Laufkäfer somit eher gelassen entgegen«, sagte Herr Schrader, schlug sich den Jackenkragen hoch, nickte mir noch freundlich zu und entschwand in Richtung Parkplatz. »Im Gegensatz zu uns Menschen«, dachte ich im Stillen und machte mich fröstelnd auf den Heimweg, froh, doch noch eine Antwort auf die Frage nach den frierenden Laufkäfern erhalten zu haben.

Absender/in:

....

....

....

....

....

Bitte
ausreichend
frankieren!

Antwort

pala-verlag

Postfach 11 11 22

64226 Darmstadt

- Ich habe diese Karte folgendem Buch entnommen:

....

Anregungen / Meinungen / Kritik:

....

....

....

....

....

....

....

....

❑ Schicken Sie mir bitte kostenlos Informationen über Ihr Gesamtprogramm

❑ Schicken Sie mir auch aktuelle Informationen per E-Mail (max. 3- bis 4-mal pro Jahr):

Meine E-Mail-Adresse: ....@ ....

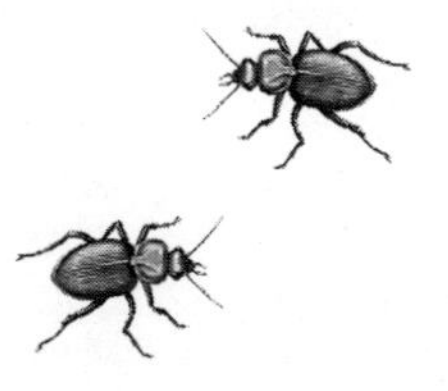

Ohrwurm

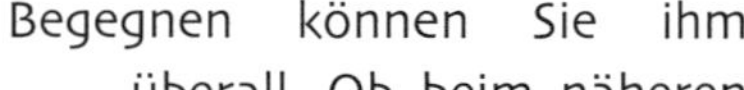

Begegnen können Sie ihm überall. Ob beim näheren Betrachten der Rosenblüte im Vorgarten, am Abend auf der Terrasse sitzend mit einem prüfenden Blick auf die dort stehenden Kübelpflanzen oder beim Rückschnitt des Apfelbaumes im Garten. Die Rede ist vom Ohrwurm, jenem bevorzugt dämmerungs- und nachtaktiven Räuber, der sich am Tag gerne in enge Verstecke zurückzieht, jedoch stets bereit ist für eine Flucht, wenn er dort gestört wird.

Sehen wir uns diesen sympathischen Nützling, den wir so unverhofft aufgespürt haben und der für uns unbemerkt in der Nacht Jagd auf allerlei »Ungeziefer« im Garten macht, einmal genauer an. Mit etwas Glück lässt sich unser aufgescheuchter Insektenfund in ein zuvor bereitgestelltes Trinkglas, das wir dann mit Pappe abdecken, oder auch – sofern vorhanden – in einer Lupendose einfangen. Für den kurzen Moment unserer nachfolgenden Betrachtung wird er uns dies sicher verzeihen.

Beginnen wir zum Einstieg mit etwas Systematik und einer näheren äußeren Betrachtung des Ohrwurms, ergänzt um einige Anmerkungen zum Aberglauben rund um den »Ohrenkneifer«, den schon Wilhelm Busch – wie wir noch sehen werden – in einem seiner Gedichte verewigt hat.

Grundlagen und Wissenswertes

Systematisch werden die Ohrwürmer in einer eigenen Insektenordnung, den *Dermaptera,* zusammengefasst (sprich: Derma-p-tera). Somit haben sie die gleiche systematische Stellung wie Käfer *(Coleoptera)* oder Schmetterlinge *(Lepidoptera)*, die ebenfalls eigene Ordnungen innerhalb der Klasse der Insekten repräsentieren. Der systematische Ordnungsbegriff *Dermaptera* wurde erst 1773 eingeführt, übersetzt bedeutet er so viel wie »Hautflügler«. Da der Begriff »Hautflügler« bei Insektenkundlern aber bereits für Bienen, Wespen und Ameisen vergeben war, blieb es im Deutschen beim »Ohrwurm« als Bezeichnung.

Trotz ihrer relativen Artenvielfalt – weltweit sind bisher rund 2000 Ohrwurmarten bekannt – lassen sich Ohrwürmer, auch unser gefangener Freund, äußerlich recht gut als Angehörige einer gemeinsamen Insektenordnung erkennen.

Meist sind es 1 bis 3 Zentimeter große Tiere, die schlanke, leicht abgeflachte Körper haben. Recht auffällig sind dabei die dem Hinterleibsende entspringenden paarigen Zangen, die in Fachkreisen als Cerci bezeichnet werden. Ohrwürmer haben kauend-beißende Mundwerkzeuge, vergleichbar den Käfern oder Raupen, und fressen ihre Beute auf – im Gegensatz beispielsweise zu räuberischen Wanzen, die ihre Beute mit stechend-saugenden Mundwerkzeugen anstechen und aussaugen.

Ohrwürmer haben Flügel – auch wenn es auf den ersten Blick nicht so aussieht. Die beiden Flügelpaare setzen, wie auch bei anderen Insekten, am zweiten und dritten Brustsegment an. Die Vorderflügel sind dabei käferartig verhärtet und recht kurz, die Hinterflügel im Gegensatz dazu häutig, großflächig, jedoch vielschichtig in bis zu vierzig Lagen gefaltet. Sie werden von den Vorderflügeln meist vollständig bedeckt. Je nach Ohrwurmart können die Flugorgane aber auch deutlich reduziert sein. Nicht alle Arten sind also flugfähig.

Der Hinterleib besteht wie allgemein bei Insekten aus elf Segmenten, von denen beim Männchen allerdings nur neun und beim Weibchen sieben unmittelbar sichtbar sind. Die bereits erwähnten Zangen sitzen am letzten Hinterleibssegment. Sie sind stets eingliedrig und je nach Geschlecht unterschiedlich ausgebildet. Im Gegensatz zu vielen

anderen Insekten lässt sich somit auch von Nichtbiologen allein aufgrund der gut sichtbaren Zangenform die Geschlechterfrage beantworten, beispielsweise beim Gemeinen Ohrwurm (siehe Seite 132). »Gemein« versteht sich bei deutschen Tiernamen übrigens nicht im Sinne von niederträchtig, teuflisch oder fies, sondern von »allgemein«. Es geht hierbei also immer um weit verbreitete, eben allgemein häufig auftretende Arten. Andere Beispiele sind der Gemeine Speckkäfer, der Gemeine Frostspanner oder die Gemeine Eichengallwespe.

> Ohne bereits Details vorgreifen zu wollen: Beim Gemeinen Ohrwurm haben die Weibchen gerade, nahezu parallele Zangen, die Männchen hingegen deutlich bauchig nach außen gebogene. Und – was haben Sie in Ihrer Lupendose?

In der Literatur erstmals erfasst wurden die Ohrwürmer im Jahre 1602 durch Ulisse Aldrovandi (1522 – 1605), einen italienischen Arzt und Naturwissenschaftler, der sie zusammen mit den uns auch heute noch bekannten Silberfischchen aus der Küche oder dem Bad in eine gemeinsame systematische Gruppe stellte. Schon damals waren die bekannten Zangen am Hinterleib des Ohrwurms und der ähnlich aussehende Hinterleib des Silberfischchens auffällige Merkmale, auch wenn man heute weiß, dass die beiden Tiere, Silberfischchen und Ohrwürmer, sicher nicht eng miteinander verwandt sind. Aber auch andere »große Geister« haben sich in Bezug auf den Ohrwurm und seine systematische Position geirrt. So hat Carl von Linné (1707 – 1778), dem wir die Gesamtheit der heutigen Namensgebung im Tier- und Pflanzenreich zu verdanken haben, den Ohrwurm in seinem berühmten Werk »Systema naturae« aus dem Jahre 1758 noch zu den Käfern gestellt.

Kommen wir zu dem bereits erwähnten Gedicht von Wilhelm Busch (1832 – 1908), der den Ohrwurm in »Balduin Bählamm« verewigt hat – auf seine ganz eigene Weise.

Wie klein dagegen und beschränkt
Zeigt sich der Ohrwurm, wenn er denkt.
Engherzig schleicht er durch das Moos,
Beseelt von dem Gedanken bloß,
Wo´s dunkel sei und eng und hohl,
Denn da nur ist ihm pudelwohl.
Grad wie er wünscht, und sehr gelegen
blinkt ihm des Dichters Ohr entgegen.
In diesen wohlerwärmten Räumen,
So denkt er, kann ich selig träumen.
Doch wenn er glaubt, dass ihm hienieden
Noch weitre Wirksamkeit beschieden,
So irrt er sich. – Ein Winkelzug
Von Bählamms Bein, der fest genug,
Zerstört die Form, d. h. so ziemlich,
Die diesem Wurme eigentümlich,
Und seinem Dasein als Subjekt
Ist vorderhand ein Ziel gesteckt.

Der eigentliche Ursprung des Begriffs »Ohrwurm« ist unbekannt, obgleich es mehrere Deutungsversuche gibt.

Sehr häufig hält sich – so auch im Gedicht von Wilhelm Busch – der Glaube, dass das Tier in das Ohr eines am Boden liegenden Menschen kriecht (»Ohrenkriecher«) und dort eventuell sogar zubeißt (»Ohrenkneifer«) und am Trommelfell Schäden hervorruft. Derartige Fälle sind jedoch nicht bekannt, sodass diese Geschichten getrost als hartnäckige Gerüchte ohne Wahrheitsgehalt verbucht werden können. Dennoch hält sich diese Interpretation des Begriffs vom Ohrwurm nicht nur im deutschen, sondern auch im englischen (»earwig«), ebenso wie im holländischen (»oorworm«) oder im französischen (»perce-oreille«) Sprachraum.

Andere Erklärungsversuche zum deutschen Namen beziehen sich auf die ohrförmige Öffnung der Zangen, insbesondere bei den Männchen.

Auch aus einer medizinischen Anwendung heraus könnte der Begriff Ohrwurm abgeleitet worden sein: Der Ohrwurm wurde noch vor hundert Jahren als Mittel gegen Taubheit empfohlen. Darüber hinaus wurde der Ohrwurm – zerrieben, zerstampft oder in gepresster Form – im Orient auch zur Fiebersenkung und als Mittel gegen Gliederzucken eingesetzt.

Unser Ohrwurm regt sich derweil auch schon wieder in seinem durchsichtigen Gefängnis, so, als ob er angesichts des letzten Satzes etwas hellhörig geworden wäre. Aber, da sind wir uns sicher einig, wir streben eher einen Lebendeinsatz unseres Nützlings im Garten an, als ihn für ungewisse Heilmethoden zu missbrauchen.

Artenspektrum

Weltweit sind derzeit etwa 2000 Ohrwurmarten bekannt. Diese Vielfalt lässt sich in unseren Breiten nur erahnen, da es hierzulande lediglich acht heimische Arten gibt – das sind umgerechnet gerade einmal vier Promille der weltweit vorkommenden Arten. Bis auf die unwirtliche Arktis und Antarktis finden wir Ohrwürmer in allen Erdteilen, bevorzugt allerdings – bezogen auf das Artenspektrum – in den tropischen Regionen. Während sich die meisten Ohrwürmer dort von tierischer Nahrung ernähren, haben einige Arten, insbesondere die höher entwickelten, auch pflanzliche Nahrung auf ihrem Speiseplan. Manche Arten weisen auch recht eigentümliche Lebensweisen auf. Als Beispiel mag die Ohrwurmgattung *Arixenia* dienen, die in den Tropen auf dem Kot von Fledermäusen und deren Gewöllen lebt und sich dort bevorzugt von den Ausscheidungen der Hautdrüsen der Fledermäuse und von toten oder verletzten Insekten ernährt.

Doch auch die hierzulande heimischen Ohrwurmarten lohnt es sich einmal näher anzusehen, da auch sie die unterschiedlichsten Biotope bewohnen – vom Meer bis ins Hochgebirge.

Auch der Ohrwurm, der in unserem »Biotop« Lupendose ungeduldig auf seine Freilassung wartet, kann einer der nachfolgenden Arten zugeordnet werden. Die Wahrscheinlichkeit, dass es sich bei ihm um den Gemeinen Ohrwurm handelt, ist groß, in ländlichen Gebieten findet sich häufig aber auch der Kleine Ohrwurm im Garten ein.

Gemeiner Ohrwurm *Forficula auricularia*

Der glänzend dunkelbraune Gemeine Ohrwurm ist die bei uns häufigste Art mit weit verbreitetem Vorkommen. Zu nennen sind sowohl Hecken, Gebüsche und Feldgehölze als auch Friedhöfe, Gärten, Parks, Staudenrabatten und Gehölzbiotope allgemein. Selbst in reinen Wäldern kommt er vor.
Dieser Ohrwurm wird – inklusive der Zangen – bis zu 16 Millimeter groß und besitzt markante, 4 bis 9 Millimeter lange Zangen. Beim Weibchen sind diese nahezu parallel, teils auch über Kreuz, angeordnet, beim Männchen sind sie deutlich bauchig nach außen gebogen und tragen außerdem an der Basis kleine Zähne. Mit diesen einfachen Merkmalen lässt sich auch bei nur flüchtiger Betrachtung rasch die Geschlechterfrage klären.
Trotz voll entwickelter Hinterflügel ist der Gemeine Ohrwurm flugträge. Er wird nur sehr selten fliegend angetroffen und wenn, fliegt er recht unbeholfen und nur kurze Strecken unter zehn Meter in einer Höhe von etwa einem Meter über der Erde. Der Gemeine Ohrwurm ist bevorzugt nachtaktiv, tagsüber sucht er sich dunkle, enge Verstecke, in denen er oft auch gesellig auftritt.

Kleiner Ohrwurm *Labia minor*

Mit einer Körperlänge von nur 6 bis 8 Millimeter trägt der sowohl nacht- als auch tagaktive Kleine Ohrwurm seinen deutschen Namen sicher zu recht. Er gehört zu den wenigen Ohrwurmarten, die gut und auch häufig fliegen können.
Auch wenn der Kleine Ohrwurm verschiedene Biotope – Wiesen, Felder, Gärten, Laubwälder – nutzen kann, tritt er verstärkt in ländlichen Regionen und dort in Stallmisthaufen auf, in denen er sich als wärmeliebende Art recht wohl fühlt. Besonders wählerisch ist er dabei offenbar nicht, als Lebensraum gibt er sich sowohl mit Pferdemist als auch mit Schweinemist oder Rindermist zufrieden. Teilweise gelangen die Tiere auf ihren Flügen auch in die Häuser, da sie gerne weiße Flächen, zum Beispiel Hauswände, und helle Lichter – Zimmerbeleuchtung am Abend – anfliegen.

Sandohrwurm *Labidura riparia*

Auf den Sandohrwurm stößt man vermutlich eher im Urlaub, da die Tiere bevorzugt an Meeresküsten, eingeschränkt aber auch an sandigen Ufern von Flüssen und Seen, teils auch von Sand- und Kiesgruben auftreten – daher auch der andere deutsche Name dieses Ohrwurms: Uferohrwurm. Mit einer Länge von bis zu 30 Millimeter ist er der größte einheimische Ohrwurm. Sein Körper ist strohgelb und mit einer dunklen Zeichnung versehen.
Sandohrwürmer bauen sich ihre Höhlen im feuchten Sand. Die Zangen beider Geschlechter sind nahezu parallel, nur beim Männchen trägt die Zangenbasis innen kleine Zähne. Ihre Nahrung ist schwerpunktmäßig tierischer Art, zu nennen sind kleine Krebse (Meer!), Fliegen, Käfer, Spinnen und Tausendfüßer. Werden die Tiere gestört, nehmen sie eine Drohhaltung ein, bei der sie ihre Zangen über den Hinterleib nach vorne strecken.

Waldohrwurm *Chelidurella acanthopygia* und *Chelidurella guentheri*

Entsprechend ihrem deutschen Namen trifft man Waldohrwürmer – zwei sehr ähnliche Arten – recht häufig in Laub- und Mischwäldern und dort meist auf Eiche und Buche sowie auf Nadelholz an. Die Tiere leben sowohl in der Bodenstreu als auch in den unteren, belaubten Blattetagen. Im Winter verstecken sie sich meist unter der Rinde.
Der bis zu 15 Millimeter große Waldohrwurm ist aufgrund seiner fehlenden Hinterflügel und reduzierten Vorderflügel nicht flugfähig und breitet sich somit nur durch Wanderungen, teils auch durch Windabdrift, also die windunterstützte, passive Verbreitung, aus. Die Männchen besitzen sehr lange, gebogene Zangen, die der Weibchen sind vergleichsweise kurz und nur wenig gebogen.

Gebüschohrwurm *Apterygida media*

Der etwa 10 Millimeter große Gebüschohrwurm ist über das Jahr hinweg recht häufig sowohl in Sträuchern, Gebüschen und Staudenpflanzungen als auch im Laub- und Mischwald, dort bevorzugt am Waldrand, anzutreffen. Sonnige Standorte werden deutlich favorisiert, ebenso wie mit Hopfen oder Waldrebe bewachsene Bäume. Im zeitigen Frühjahr findet man diesen Ohrwurm eher am Boden in der Streu, unter Steinen und Laub. Hinterflügel fehlen diesem flugunfähigen Ohrwurm, die paarigen Zangen beider Geschlechter sind sehr ähnlich wie beim Gemeinen Ohrwurm ausgebildet.

Zweipunkt-Ohrwurm *Anechura bipunctata*

Mit seinen zwei gelblichen Flecken auf den Vorderflügeln ist der bis 20 Millimeter große Zweipunkt-Ohrwurm leicht zu erkennen, die Männchen tragen außerdem recht auffällige Zangen, die etwa in der Mitte leicht geknickt und an den Enden leicht nach oben gerichtet sind.
Diese seltene Art tritt nur im Hochgebirge oberhalb der Waldgrenze auf, ihre Höhle mit den Eiern der Nachkommen findet sich dort bevorzugt unter Steinen.

Südlicher Ohrwurm *Euborellia annnulipes*

Beim Südlichen Ohrwurm handelt es sich um eine aus südlichen Ländern eingeschleppte Art, bei der das Weibchen mit bis zu 14 Millimetern etwas größer als das nur etwa 10 Millimeter große Männchen ist. Bisher wurde diese Art hierzulande nur vereinzelt auf Müllplätzen nachgewiesen.

Biologie und Ökologie

Bei uns mit Abstand der häufigste Ohrwurm ist der Gemeine Ohrwurm, den wir im Folgenden auch einmal etwas näher durch das Jahr begleiten wollen, um zu verstehen, wo und wie er in der Natur und speziell in unserem Garten lebt. Am besten stellen wir unseren Hauptdarsteller in seiner Lupendose einmal neben uns auf den Tisch, dann können wir den einen oder anderen Aspekt gleich am »Objekt« selbst überprüfen oder einen näheren Blick wagen.

Ohrwürmer gehören wie auch Wanzen, Zikaden oder Blattläuse zu den Insekten, die eine unvollkommene Entwicklung, der Fachbegriff hierfür ist hemimetabole Entwicklung, durchlaufen. Dabei schlüpft aus dem Ei eine Larve, die – über mehrere Häutungen – größer und dem erwachsenen Tier immer ähnlicher wird. Ein Puppenstadium wie bei Käfern oder Schmetterlingen, dies wäre dann eine vollkommene, holometabole Entwicklung, findet beim Ohrwurm nicht statt. Insgesamt

durchläuft der Ohrwurm fünf Larvenstadien mit fünf Häutungen bis zum geschlechtsreifen, dann etwa 16 Millimeter großen Tier.

Wenn wir unser Tier im Sommer gefangen haben, dürfte es sich vermutlich um einen erwachsenen Ohrwurm handeln. Falls Sie die Größe überprüfen wollen: Bei der Längenermittlung werden die Zangen, nicht jedoch die Fühler, mitgemessen.

Unmittelbar nach der Häutung sind die Tiere nahezu weiß und es dauert einige Stunden, bis die äußere Haut erhärtet ist und dabei ihre braune Farbe angenommen hat. Es gehört schon eine gute Portion Glück dazu, solch einen frisch gehäuteten »Albino« zu sehen.

Von was ernährt sich nun unser Ohrwurm? Mit Blick auf die Ernährung verhalten sich sowohl die Larven als auch die erwachsenen Tiere grundsätzlich gleich. Ohrwürmer sind, um es vereinfacht auszudrücken, Mischkostesser. Gefressen werden einerseits Pflanzen in Form von meist zarten Blättern, Moosen, Blüten oder überreifen Früchten, aber auch Algen und Flechten, andererseits Tiere in Form von verschiedenen Insekten und Spinnentieren. Zu nennen sind diesbezüglich insbesondere Blattläuse, Spinnmilben, Blutläuse oder Blattsauger, was den Ruf des Ohrwurms als Nützling mit begründet hat. Auch Raupen von Schmetterlingen oder die Brut von Ameisen werden nicht verschmäht. Die Priorität hinsichtlich pflanzlicher und tierischer Nahrung ist bei Larven und erwachsenen Tieren unterschiedlich. So haben Magenuntersuchungen von Ohrwürmern gezeigt, dass der Anteil der tierischen Nahrung bei Larven mit rund 7 Prozent deutlich geringer ist als bei den Imagines, den erwachsenen Tieren, mit rund 30 Prozent. Letztere kommen ihrem Ruf als Nützlinge somit deutlich mehr nach als die Larven. Die Fraßleistung von Ohrwürmern – um eine Größenordnung zu nennen – liegt bei 50 bis 120 Blattläusen pro Nacht.

Während wir uns angesichts dieses Speiseplans im Stillen zufrieden ausmalen, von welchen unliebsamen Tieren uns unser Ohrwurm schon befreit hat und noch befreien wird, holen wir – mangels tierischer Nahrung – ein Salatblatt aus der Küche und

legen es vorsichtig in unsere Lupendose, um unseren unfreiwilligen Gast mit einer Zwischenmahlzeit zu stärken. Dabei fallen uns die Zangen am Hinterleib einmal mehr ins Auge. Ob er damit den Salat …?

Nein, die paarigen Zangen am Hinterleib werden sowohl vom Gemeinen Ohrwurm als auch von den meisten anderen heimischen Ohrwurmarten nicht für die Aufnahme der Beute genutzt, bei der fast ausschließlich die kauend-beißenden Mundwerkzeuge zum Einsatz kommen. Als Ausnahme gilt in unseren Breiten der Sandohrwurm, der bevorzugt an Dünen und der Meeresküste lebt: Dieser nutzt seine Zangen auch zum Nahrungserwerb und führt seine Beute dann mit gebogenem Rücken über den Kopf zum Mund (siehe auch Seite 133).

Die Zangen dienen bei allen Ohrwurmarten vor allem der Paarung.

Wie bereits geschildert, haben nicht alle Ohrwürmer Flügel oder die Flügel sind reduziert. Bei den flugfähigen Arten helfen die Zangen bei der Entfaltung der Flügel, da diese mehrschichtig zusammengelegt sind. Das Einfalten nach dem Flug bedarf dann nicht mehr der Hilfe der Zangen.

Ohrwürmer sind recht agile Tiere, die sich zu Fuß sehr gut fortbewegen können. Entsprechend ihrer Verbreitung sind die meisten Arten auch ziemlich gute Kletterer. Das Hochwandern an selbst glatten Wänden bereitet dem Gemeinen Ohrwurm keine echten Probleme, selbst Deckenwände können, praktisch über Kopf, als Laufflächen dienen.

Auch mit unserer Lupendose können wir dies leicht überprüfen. Vorsichtig heben wir die Dose an und drehen sie langsam auf den Kopf. Während wir selbst schon längst wieder unsanft am Boden gelandet wären, hält sich unser Ohrwurm, leicht irritiert ob dieser plötzlichen Änderung, wacker an der Decke, lässt sich dann aber doch gelangweilt fallen.

Das Geheimnis dieser Fähigkeit sind spezielle Haftlappen, die sich zwischen den Krallen der letzten Fußglieder befinden und für einen

sicheren Halt sorgen. Auch die Geschwindigkeit, mit der Ohrwürmer laufen, ist recht beachtlich: Exakt gemessen wurden einmal 98 Millimeter in der Sekunde, gerundet also etwa 10 Zentimeter pro Sekunde. Ein DIN-A4-Blatt hat ein Ohrwurm in Längsrichtung also in knapp drei Sekunden überquert. Wie bei allen Insekten wird der Bewegungsdrang stark von der Temperatur beeinflusst. Die Grenze, bis zu der Bewegungen möglich sind, liegt beim Gemeinen Ohrwurm erstaunlich niedrig. Selbst bei leichten Frostgraden können sich die Tiere – wenn auch langsam – noch koordiniert fortbewegen.

Ohrwürmer sind artabhängig meist lichtscheue Gesellen und somit meist nur in der Dämmerung und Nacht aktiv. Tagsüber verstecken sie sich, gerne auch gesellig, unter Steinen, hinter Borke, zwischen Blütenblättern oder unter am Boden herumliegenden Dingen. In Gärten junger Familien finden sie sich häufig auch in den kleinen, abgedeckten Sandkästen an der Holzverschalung, da es dort dunkel und vergleichsweise feucht ist – eben optimal für ein Tagesversteck.

Auch unser Ohrwurm hat sich mittlerweile unter seinem Salatblatt versteckt.

Insgesamt durchläuft der Ohrwurm den Zyklus vom Ei bis zur fertigen Imago nur einmal im Jahr, er vollzieht somit lediglich eine Generation pro Jahr. Wir kennen viele andere Beispiele von Insekten und Milben im Garten, die mehr Generationen pro Jahr durchlaufen, beispielsweise der Apfelwickler, unsere Obstmade, mit zwei Generationen im Jahr, die Kohlmotte mit drei Generationen im Jahr oder die Gemeine Spinnmilbe, die unter günstigen Bedingungen bis zu neun Generationen pro Jahr ausbildet.

Beginnen wir den Lebenszyklus mit dem erwachsenen Ohrwurm, der in unseren Breiten etwa ab Juli im Garten beobachtet werden kann. Im Laufe des Sommers bis in den Herbst hinein kommt es zur Paarung der Tiere. Meist erfolgt diese am Morgen oder Abend in den Tagesschlupfwinkeln, in denen sich die Ohrwürmer verstecken. Paarungsbereite Männchen sind äußerlich durch ihre Hinterleibsbewegungen sowie ein erregtes Fühlerspiel erkennbar. Nach der Kontaktaufnahme

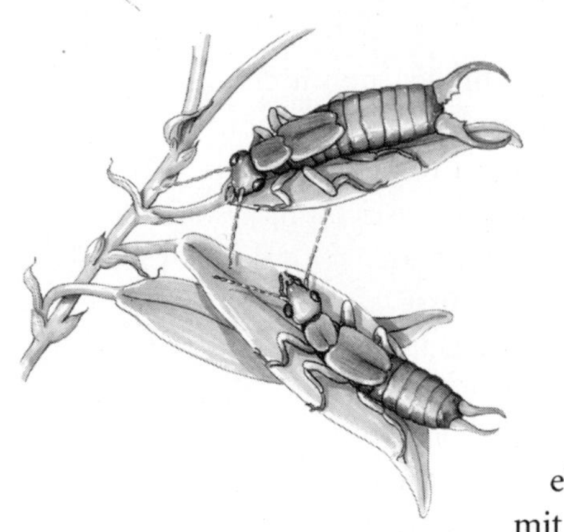

mit dem Weibchen über die Fühler versucht das Männchen sich rückwärts schreitend mit den Zangen unter den Hinterleib des Weibchens zu schieben und so die passende Stellung für die Begattung einzunehmen. Die Zangen übernehmen bei der Paarung somit eine wichtige Aufgabe. Bei Tieren mit fehlenden oder abgebrochenen Zangen kommt es gar nicht oder nur schwer zu einer erfolgreichen Paarung.

Wir blicken kurz zu unserem Ohrwurm und stellen zufrieden fest, dass, bezogen auf die Zangen, alles komplett und offenbar auch intakt ist. Das »Rüstzeug« für eine spätere Paarung – wir wollen ja schließlich Ohrwurmnachwuchs in unserem Garten – wäre also in Ordnung.

Die Paarung erfolgt also »Hinterteil an Hinterteil« in gerader Linie, sodass die Tiere jeweils in die entgegengesetzte Richtung sehen. Die Dauer der Kopulation ist recht unterschiedlich, von wenigen Minuten bis zu mehreren Stunden ist offenbar alles möglich. In der Fachliteratur belegte Spitzenwerte beim Gemeinen Ohrwurm verweisen auf eine Dauer von über dreizehn Stunden. Dies setzt allerdings eine störfreie Zone voraus, da sich die Tiere anderenfalls rasch wieder voneinander trennen.

Ein Weibchen paart sich im Laufe der Zeit mit mehreren Männchen, wobei das aufgenommene Sperma in seiner Gesamtheit in einer speziellen Blase gesammelt und frisch gehalten wird. Erst unmittelbar vor der Eiablage werden die Eier aus diesem Samenvorrat befruchtet und anschließend vom Weibchen abgelegt. Ohrwürmer können auch unbefruchtete Eier ablegen – etwa wenn der Samenvorrat zu gering war –, diese Eier entwickeln sich jedoch nicht weiter.

Etwa ab September wandert das Weibchen in den Boden, um dort eine Erdröhre zu bauen, die dann zur Eiablage sowie zur Überwinterung genutzt wird. Das Männchen hilft beim Bau der Höhle kaum mit, überwintert später aber zusammen mit dem Weibchen in dieser Höhle. Wer also einmal zufällig im Winter solch ein Lager aufgräbt, wird immer zwei Ohrwürmer vereint in der Höhle finden. Kalte Winter sind für Ohrwürmer kein echtes Problem. Temperaturen von minus 12 bis minus 23 °C können sie über mehrere Monate hinweg ohne Einbußen tolerieren. Und solche Winter sind bei uns sicher mehr als selten.

Die Nester werden nur wenige Zentimeter tief in den Boden gegraben, meist liegen sie in einer Tiefe von etwa 5 Zentimetern. Jedes Weibchen legt nur ein Nest an. Für den Bau eines solchen Überwinterungsquartiers sind spezielle Bodenbedingungen erforderlich. Sandboden ist für den Gemeinen Ohrwurm nur wenig geeignet, da dieses Material zu locker ist und alle Bauten rasch zusammenfallen. Grobscholliger Lehmboden ist hingegen optimal für den Nestbau. Vorteilhaft ist auch eine Begrünung des Bodens, die gleichzeitig eine gute Durchwurzelung gewährleistet. In der Praxis hat sich gezeigt, dass begrünte Flächen besonders gerne zum Nestbau genutzt werden. Häufig wird dabei die Nähe von Löwenzahnwurzeln bevorzugt.

Beim Bau trägt das Weibchen alle Bodenpartikel mit dem Mund, rückwärts aus der Röhre krabbelnd, nach draußen und legt sie dort, häufig sogar nach Größe sortiert, ab. Jedes Nest umfasst zwanzig bis vierzig Eier, wobei die Ablage innerhalb eines Zeitraumes von weniger als einer Woche erfolgt, der Zeitpunkt bei den einzelnen Tieren jedoch nicht einheitlich ist. Teilweise werden die Eier bereits im Herbst abgelegt, mehrheitlich legen die Ohrwürmer ihre Eier aber erst nach dem Winter im zeitigen Frühjahr, etwa im März, ab.

Die Eier sind nur etwas mehr als 1 Millimeter groß, oval, glatt und weiß in der Farbe. Sie werden vom Weibchen streng bewacht und gepflegt. Auch das Männchen wird hierbei als Gefahr angesehen und im Frühjahr aus der ehemals gemeinsamen Höhle vertrieben. Wer im Garten bereits im März einen erwachsenen Ohrwurm auf einem Baum oder an anderer Stelle findet, kann also sicher sein, dass es sich um ein vertriebenes Männchen handelt.

Unter der Erde hat das Weibchen reichlich Arbeit: Alle Eier werden regelmäßig gewendet und beleckt, sodass sowohl ein Austrocknen als auch eine Verpilzung der Eier verhindert wird. Ohne eine solche Pflege würden die Eier rasch sterben. Das Auftreten der nächsten Ohrwurmgeneration ist somit eng an das Überleben des Weibchens gebunden. Stirbt es, sterben auch die Eier. Sehen kann das Weibchen die Eier bei diesen Brutpflegemaßnahmen unter der Erde nicht. Die Wahrnehmung der Eier erfolgt hauptsächlich mit dem Tastsinn und eingeschränkt über den Geschmackssinn der Taster, sodass beispielsweise in Versuchen von Biologen zum Verhalten der Tiere auch kleine Paraffinkügelchen als Eier akzeptiert und mitgepflegt worden sind.

Die Entwicklung der Eier benötigt bei etwa 12 °C sechs Wochen, bei wärmeren Bodenbedingungen kann die Entwicklung aber auch nach zwei Wochen abgeschlossen sein. Die jungen Larven öffnen ihre Eihüllen mit einem kleinen, spitzen Eizahn, den sie am Kopf tragen. Bleiben sie zu Beginn noch dicht zusammen und werden auch von der Mutter noch beleckt, lockert sich der Larvenverbund mit der Zeit zunehmend auf. Die jungen Larven ähneln dabei im Aussehen ihrer Mutter, sind aber deutlich kleiner und heller und besitzen noch keine Flügel oder sichtbare Flügelanlagen. Bis zum Erreichen des zweiten Larvenstadiums werden die jungen Ohrwürmer von der Mutter beschützt, dann werden die Tiere selbstständiger und gehen auch selbst auf Nahrungssuche – meist in Bodennähe –, kommen tagsüber aber noch in die Höhle zurück.

Das Weibchen stirbt häufig noch in der Erdhöhle und wird – so ist die Natur – von den Larven meist auch gefressen. Die Lebensdauer des Weibchens, auch die des Männchens, beträgt etwa ein Jahr.

Die Entwicklung der Larven dauert bis in den Sommer hinein, sodass ab Juli wieder neue Ohrwurmerwachsene auftreten. Damit beginnt der Ohrwurmzyklus wieder von vorn.

> Mit einem nachdenklichen und zugleich anerkennenden Blick sehen wird uns noch einmal unseren immer noch gefangenen Ohrwurm an. Solch ein bewegtes Leben hätten wir ihm vorher gar nicht zugetraut, oder?

Ohrwürmer als Schädlinge?

Wie bereits erwähnt (siehe Seite 135), ernährt sich der Ohrwurm nicht allein von tierischer Nahrung, sondern nimmt auch pflanzliche Nahrung auf. Somit kann er lokal auch schädigend an Pflanzen auftreten. Fraßschäden können insbesondere bei weichen Blütenblättern vorkommen, so an Dahlien, Rosen, Chrysanthemen oder Nelken. In der Landwirtschaft kann es zu Einbußen bei der Maisernte kommen, weil der Ohrwurm gerne die Blütenanlagen, die »Seide«, der Maispflanzen frisst und so eine normale Befruchtung beim Mais verhindert. Bei Gemüse kann es zu Fraßschäden an Salat kommen – für künstliche Ohrwurmzuchten oder für einen Kurzzeitbesuch wie bei unserem Besucher in der Lupendose können ebenfalls Salatblätter gefüttert werden. Ohrwürmer fressen mitunter auch an Kohlpflanzen, speziell Blumenkohl. An Gurkenfrüchten können sie die Fruchtanlagen anfressen, sodass sich später deutliche Fruchtverkorkungen zeigen. Was im Privatgarten sicher weniger problematisch ist, wird vom Erwerbsgärtner nicht toleriert, da er diese Gurken nicht mehr vermarkten kann. Es kommt somit also auch auf den jeweiligen Blickwinkel des Betrachters an, ob der Ohrwurm als Schädling angesehen wird oder nicht. Früchte von Obst – unter anderem Erdbeere, Pfirsich, Aprikose – werden speziell dann geschädigt, wenn diese bereits verletzt sind. Im Norden der USA hat sich der Ohrwurm Anfang der 30er-Jahre sogar einmal so stark vermehrt, dass er in Pfirsichkulturen zum echten Schädling wurde. Probleme kann es auch im Garten geben, insbesondere bei einem Nahrungsmangel, da die Tiere dann auch die unverletzte Schale durchdringen, wie es etwa bei Weintrauben bekannt ist.

Angesichts dieser Vorstellung wird uns etwas Angst und Bange um die geliebten Pflanzen im Garten. Ob wir unseren Ohrwurm vielleicht doch nicht freilassen ...?

In unserem Garten lässt sich das »Problem Ohrwurm« jedoch meist recht einfach lösen, indem das Tier an den kritischen Stellen in Blumentöpfen abgefangen und an anderer Stelle im Garten wieder ausgesetzt wird (siehe Seite 145). Ist genügend tierische Nahrung vorhanden – also Blattläuse und Co. –, steigt proportional auch der Anteil an tierischer Nahrung im Vergleich zur pflanzlichen. Wer seinen Garten im Blick hat, wird sicher frühzeitig genug reagieren können und das Nützlingspotential des Ohrwurms zugunsten der schädigenden Seite nutzen können.

Insbesondere früher wurde der Ohrwurm häufig noch als zentraler Schädling angesehen. Die noch Anfang des 20. Jahrhunderts gegen Ohrwürmer eingesetzten Giftköder lesen sich heute wie unwirkliche Kochrezepte: »... 16 Teile geriebenes Weißbrot, 1 Teil Schweinfurter Grün, trocken gemischt, dann langsam unter Umrühren Wasser zugefügt, bis eine feinkrümelige Masse entsteht ...« (Quelle siehe Seite 156.)

Schutzmaßnahmen und gezielte Förderung im Garten

Schutzmaßnahmen

Ohrwürmer reagieren wie viele andere Nützlinge unter den Insekten empfindlich auf den Einsatz von Pflanzenschutzmitteln. Auch von einer Reihe im Haus- und Kleingarten zugelassenen Insektiziden geht eine schädigende Wirkung auf den Ohrwurm aus. Auf ihren Einsatz sollte deshalb verzichtet werden. Gegenüber Fungiziden ist der Ohrwurm deutlich toleranter, sodass Spritzungen gegen Echten Mehltau oder Apfelschorf im Bedarfsfall durchaus möglich wären, ohne das Tier nachhaltig zu schädigen. Details zu Nebenwirkungen von Pflan-

zenschutzmitteln sind häufig bei Nützlingsanbietern erhältlich, siehe hierzu aber auch Seite 155.

Den Winter überdauern Ohrwürmer wie geschildert im Boden. Eine Bodenbearbeitung oder ein Umgraben sollte deshalb zu dieser Jahreszeit unterbleiben oder zumindest eingeschränkt werden. Dies gilt auch für die erste Zeit der Larvenentwicklung im Frühjahr, da sich die Tiere zu Beginn vor allem am Boden aufhalten und erst später höhere Bereiche erobern.

Auch der Ohrwurm hat natürliche Feinde wie insektenfressende Vögel, Spitzmäuse oder Fledermäuse, wobei deren Auftreten sicherlich als positiv anzusehen ist und diese Tiere nicht zugunsten des Ohrwurms zurückgedrängt werden sollten.

Wer im Garten gegen schädigende Wickler im Obst – unter anderem Apfelwickler, Pflaumenwickler – im Handel erworbene Schlupfwespen als Eiparasiten einsetzt, sollte bezüglich einer Förderung des Ohrwurms etwas Zurückhaltung üben. Dies deshalb, weil die Eier der Getreidemotten, die zur Anzucht der *Trichogramma*-Schlupfwespen verwendet und dem Hobbygärtner zugeschickt werden, vom Ohrwurm als Futter angesehen werden und er somit einen wirksamen Einsatz der Schlupfwespen verhindert. In solch einem Fall sollten die Ohrwürmer zuvor einfach mit Blumentöpfen abgesammelt werden (siehe Seite 145).

Bei Schnitt- und Pflegearbeiten im Garten sollte darauf geachtet werden, dass Pflanzenteile, die auf den Kompost sollen, zuvor auf einen Ohrwurmbesatz überprüft werden. Meist genügt ein kurzes Ausschütteln an Ort und Stelle, um eventuelle »Langschläfer« aus ihren Verstecken aufzuscheuchen.

Gezielte Förderung im Garten

Blumentopf als Ohrwurmwohnung

Ein mit Stroh oder Holzwolle gefüllter Blumentopf aus Ton wird vom Ohrwurm gerne als Schlafplatz angenommen. Er lässt sich recht einfach basteln, sodass auch jüngere Kinder beim Bau und bei der Anbringung einbezogen werden können.

Im einfachsten Fall kommt ein Tontopf mittlerer Größe (11 Zentimeter Durchmesser) zum Einsatz, der im Inneren mit Stroh oder Holzwolle, alternativ auch mit Moos, gefüllt wird. Ohrwürmer bevorzugen tagsüber dunkle, feuchte und verwinkelte Stellen, sodass sie eine solche Konstruktion gerne nutzen. Hierbei ist zu beachten, dass das Füllmaterial nur locker im Topf liegen darf (nicht stopfen!), um den Tieren genügend Bewegungsfreiheit in ihrem Domizil zu geben. Zur Befestigung der Füllung und des Topfes dient ein Holzstück, das quer liegend über dem Topfrand angebracht wird und in der Mitte von einer Schnur gehalten wird, die durch das Loch am Boden des Topfes gezogen wird. Mit dieser Schnur wird der Topf umgedreht am Baum befestigt.

Zur besseren Stabilität des Füllmaterials und auch zum Schutz vor Vögeln, die das Stroh gerne als Nistmaterial nutzen, kann der Topfinhalt unterseits mit einem Drahtgeflecht geschützt werden. Alternativ kann auch das gesamte Füllmaterial in ein grobmaschiges Netz gesteckt und so im Topf befestigt werden.

Als Aufhängung für den Tontopf lässt sich statt einer einfachen Schnur auch ein Draht, verzinkt oder kunststoffummantelt, nutzen. Wichtig bei der Anbringung am Baum ist, dass der Tontopf direkt Kontakt zu einem Ast oder zum Stamm hat, auch kann er direkt auf einem Ast aufliegen. Nur so ist eine rasche Besiedelung des Nachtlagers durch den Ohrwurm gewährleistet. Um stärkere Bewegungen im Wind zu vermeiden, wird der Topf zusätzlich mit einem Band mit dem Stamm oder einem dickeren Ast verbunden und so stabilisiert. Einen

zusätzlich anlockenden Effekt auf den Ohrwurm sollen ölige Verbindungen wie Lebertran oder Sesamöl haben, wenn der Blumentopf mit diesen besprüht worden ist.

Den Vorsatz, unseren Ohrwurm einfach so im Garten freizulassen, verwerfen wir zugunsten der gereiften Idee, einen passenden Tontopf vorzubereiten und unseren jetzt schon deutlich vertrauten Nützling später gleich an Ort und Stelle freizulassen. Als ob er damit einverstanden ist, blickt er uns bereits erwartungsvoll an. Wir sind mit unseren Betrachtungen auch bald am Ende, sodass wir alsdann zur Tat schreiten können.

Der Ohrwurmtontopf kann dabei nicht nur als geräumiges Nachtlager dienen, sondern zugleich auch als Sammelstelle genutzt werden. Benötigt man beispielsweise an anderer Stelle im Garten Ohrwürmer, können die Tontöpfe tagsüber einfach umgehängt und gezielt gegen Blattläuse, Spinnmilben, Blutläuse oder auch Blattsauger eingesetzt werden. Während des Winters, den die Tiere verborgen im Boden verbringen, wird der Tontopf abgehängt und gereinigt. Im Frühjahr, etwa ab Mai, kann er, bestückt mit frischem Stroh, wieder zum Einsatz kommen.

Alternativen zum Blumentopf

Neben dem beschriebenen Blumentopfquartier gibt es weitere Möglichkeiten zur Schaffung von Nachtlagern oder um die Tiere zu sammeln.

Recht einfach sind 10 bis 15 Zentimeter breite Streifen aus Wellpappe, die zu diesem Zweck einfach um den Stamm gebunden werden. Diese Streifen werden dann von den Ohrwürmern als Nachtlager genutzt. Problematisch ist allerdings die Regenanfälligkeit des Materials.

Alternativ kann Wellpappe zu einer Röhre gerollt werden, die anschließend mit einer Plastiktüte vor Niederschlägen geschützt und am Stamm befestigt wird. Um einen Zugang zu ermöglichen, ist die Tüte unten offen.

Optisch weniger ansprechend, aber hinsichtlich der Ohrwurmakzeptanz in Versuchen belegt, sind zurechtgeschnittene Eierkartons

(etwa 20 × 20 Zentimeter), die gefüllt mit Holzwolle und geschützt mit einer Plastiktüte am Stamm befestigt werden. Auch in diesem Fall ist die Tüte unten offen.

Sehr gut angenommen werden auch etwa 20 Zentimeter lange Bambusstangen (etwa 1 Zentimeter Durchmesser), die gebündelt zu drei bis fünf Stück und oben verschlossen mit einem kunststoffummantelten Draht am Stamm befestigt werden.

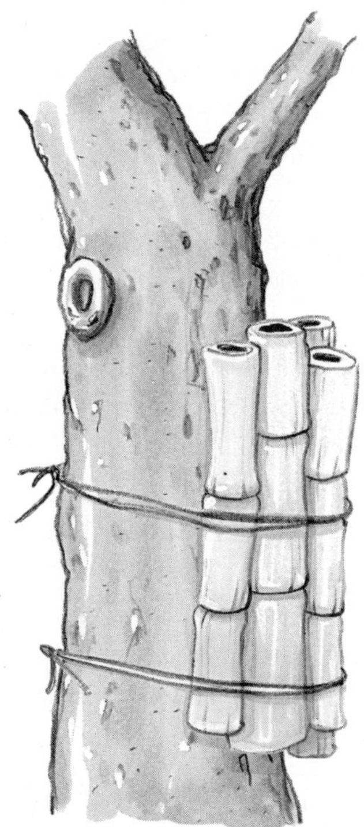

Handelsprodukte für Ohrwürmer

Neben den vorgestellten Eigenkonstruktionen kann im Bedarfsfall auch auf bewährte Handelsprodukte zurückgegriffen werden. Recht häufig werden sogenannte »Ohrwurmschlafröhren« in zylindrischer Form angeboten, die meist eine Länge von etwa 10 Zentimetern und einen Durchmesser von 6 Zentimetern haben. Diese aus Holzbeton bestehenden, witterungsstabilen Ohrwurmquartiere werden einfach auf einen abgeschnittenen Aststummel gesteckt. Damit sich die Schlafröhren tagsüber nicht zu sehr aufheizen, sollten bevorzugt schattige Lagen im Baum gewählt werden.

Aktiver Einsatz im biologischen Pflanzenschutz

Ohrwürmer erleben seit kurzem eine größere Beachtung als Nützlinge gegen Blattsauger und hierbei speziell gegen den Birnblattsauger im Erwerbsobstbau. Dieser Blattsauger sorgt sowohl als eigentlicher Schädling an der Birne für Probleme, überträgt zudem aber – was teils noch schwerer wiegt – auch spezielle Bakterien, die Phytoplasmen. Diese rufen beispielsweise bei der Birne eine nicht heilbare Krankheit hervor, den Birnenverfall, der meist rasch zum Tod der Pflanze führt. Ohrwürmer sind in diesem Fall effektive Nützlinge, die in nur einer Nacht rund 1000 Eier des Birnblattsaugers vertilgen können wie Versuche unter Laborbedingungen bei einer einzigen (!) Larve im dritten Entwicklungsstadium gezeigt haben. Entsprechend groß ist die Hoffnung, dem Birnblattsauger auf diesem Wege mit Ohrwürmern zu begegnen. Hierzu werden Ohrwürmer im Erwerbsanbau gezielt in den Anlagen ausgesetzt oder an anderer Stelle eingesammelt, um sie dann in den Beständen zu verteilen.

Inzwischen weilt unser Ohrwurm schon in seinem neuen Ohrwurmtopf im Garten und weiß von alledem nichts – dafür sind wir in Sachen Ohrwurm jetzt im Bilde und lehnen uns entspannt zurück. Spätestens wenn der Abend hereinbricht, wird unser Freund in seinem Jagdrevier, dem Garten, die Blattläuse wieder das Fürchten lehren.

Der Autor

Thomas Lohrer, Jahrgang 1963, hat sich nach seiner Baumschullehre und dem Gartenbaustudium an der Fachhochschule Osnabrück und der Universität Hannover ganz den Themen Krankheiten, Schädlinge und Nützlinge an Pflanzen gewidmet. Beruflich arbeitet er seit mehr als fünfzehn Jahren an der Forschungsanstalt für Gartenbau in Weihenstephan, dem »Grünen Zentrum« Deutschlands. Verfasst hat er neben einigen Taschenbüchern zum Pflanzenschutz eine Vielzahl von Beiträgen in der gärtnerischen Fachpresse (unter anderem in »Taspo«, »Dega GaLaBau«, »Campos«) und in Gartenzeitungen (unter anderem in »Mein schöner Garten«, »Mein Paradies«). Thomas Lohrer lebt mit seiner Frau und drei Kindern in einem kleinen Dorf im oberbayerischen Ampertal. In seiner Freizeit fotografiert er sehr gerne – bevorzugt kranke Pflanzen und Insekten.

Anhang

Ausgewählte Nützlingslieferanten

e-nema GmbH
Klausdorfer Straße 28 – 36
24223 Schwentinental (Raisdorf)
www.e-nema.de

Katz Biotech AG
An der Birkenpfuhlheide 10
15837 Baruth
www.katzbiotech.de

W. Neudorff GmbH KG
Abt. Nutzorganismen
Postfach 1209
31857 Emmerthal
www.neudorff.de

Öre Bio-Protect
Biologischer Pflanzenschutz GmbH
Neuwührener Weg 26
24223 Schwentinental (Raisdorf)
www.nuetzlingsberater.de

re-natur
Zweigniederlassung Stolpe
Am Pfeifenkopf 9
24601 Stolpe
www.re-natur.de

Sautter & Stepper GmbH
Rosenstraße 19
72119 Ammerbuch (Altingen)
www.nuetzlinge.de

STB Control
Triebweg 2
65326 Aarbergen
www.stb-control.de

Hatto & Patrick Welte
Maurershorn 18 b
78479 Insel Reichenau
www.welte-nuetzlinge.de

Wilhelm Biologischer Pflanzenschutz GmbH
Neue Heimat 25
74343 Sachsenheim
www.wilhelm-bio-pflanzenschutz.de

Verein der Nützlingsanbieter Deutschlands e. V.
Außerhalb 54
64319 Pfungstadt
www.nuetzlingsanbieter.de

Zum Weiterlesen

aid (Hrsg.): **Biologischer Pflanzenschutz.** Heft 1030; aid

aid (Hrsg.): **Nützlinge in Feld und Flur.** Heft 1499; aid

Albert, Reinhard / Allgaier, Christoph / Schneller, Harald / Schrameyer Klaus: **Biologischer Pflanzenschutz im Gewächshaus. Die Alternative für geschützte Räume;** Verlag Eugen Ulmer

Baumjohann, Dorothea und Peter: **Biologischer Pflanzenschutz für Haus, Wintergarten und Balkon;** Verlag Eugen Ulmer

Berling, Rainer: **Nützlinge und Schädlinge in unserem Garten;** BLV Buchverlag

Blümel, Silvia et al.: **Grundwissen Nützlinge. Helfer im zeitgemäßen Pflanzenschutz;** Bildungsverlag Eins

David, Werner: **Von Fallenstellern und Liebesschwindlern. Begegnungen im Naturgarten;** pala-verlag

Faßmann, Natalie: **Auf gute Nachbarschaft. Mischkultur im Garten;** pala-verlag

Forschungsanstalt für Gartenbau (Hrsg.): **BioPs Plus: Biologischer Pflanzenschutz;** DVD

Fortmann, Manfred: **Das große Kosmosbuch der Nützlinge;** Franckh-Kosmos Verlag

Günzel, Wolf Richard: **Das Insektenhotel. Naturschutz erleben;** pala-verlag

Günzel, Wolf Richard: **Lebensräume schaffen. Wildtiere in Haus und Garten;** pala-verlag

Klausnitzer, Bernhard und Hertha: **Marienkäfer;** Westarp Wissenschaften

Kormann, Kurt: **Schwebfliegen und Blasenkopffliegen Mitteleuropas;** Fauna Verlag

Kühne, Stefan / Burth, Ulrich / Marx, Peggy:
Biologischer Pflanzenschutz im Freiland. Pflanzengesundheit im Ökologischen Landbau; Verlag Eugen Ulmer

Meys, Sofie:
Schneckenalarm! So machen Sie Ihren Garten zur schneckenberuhigten Zone; pala-verlag

Richter, E. (Hrsg.):
Nützlingseinsatz im Zierpflanzenbau unter Glas; DPG Selbstverlag

Schmidt, Otto / Henggeler, Silvia:
Biologischer Pflanzenschutz im Garten; Verlag Eugen Ulmer

Steiner, Hans:
Nützlinge im Garten; Verlag Eugen Ulmer

Wachmann, Ekkehard / Platen, Ralph / Barndt, Dieter:
Laufkäfer. Beobachtung, Lebensweise; Naturbuch Verlag

Wachmann, Ekkehard / Saure, Christoph:
Netzflügler, Schlamm- und Kamelhalsfliegen; Naturbuch Verlag

Faszinierende Videos zu Nützlingen sind kostenpflichtig bei Entofilm auf DVD erhältlich: www.entofilm.com

Videos zu Nützlingen und anderen Insekten sind unter anderem unter www.arkive.org kostenlos im Internet abrufbar, aber auch die allgemein bekannten Videoportale wie Youtube und andere bieten vereinzelt gute Einträge.

Zur Verträglichkeit von Pflanzenschutzmitteln

Angaben zur geprüften Verträglichkeit von Pflanzenschutzmitteln gegenüber Nützlingen finden sich bei den Angaben zur Zulassung eines Produktes, die vom Bundesamt für Verbraucherschutz und Lebensmittelsicherheit ausgesprochen wird:

im Internet abrufbar unter www.bvl.bund.de.

Daneben bieten einige Nützlingslieferanten (siehe Seite 151) auf ihren Internetseiten Übersichtstabellen oder auch online abrufbare Datenbanken zur Verträglichkeit von Pflanzenschutzmitteln an. Recht detailliert sind teilweise auch die Informationen größerer ausländischer Nützlingsanbieter wie die der belgischen Firma Biobest (www.biobest.be/neveneffecten/3/3/) oder der Firma Koppert aus den Niederlanden (www.seiteneffekte.koppert.nl/), deren Website auch auf Deutsch angeboten wird.

Auch einige Pflanzenschutzämter bieten auf ihren Internetseiten als Bestandteil ihrer jährlichen Informationsbroschüren für den Erwerbsanbau ausführliche Tabellen über die Verträglichkeit an (zum Beispiel in Baden-Württemberg vom Landwirtschaftlichen Technologiezentrum Augustenberg unter www.landwirtschaft-bw.info oder in Thüringen von der Thüringer Landesanstalt für Landwirtschaft unter www.thueringen.de).

Quellenhinweise

Seite 94: zitiert nach Jean-Henri Fabre, entnommen aus: Ulrich Schmidt: Auf gläsernen Schwingen, Schwebfliegen, Stuttgarter Beiträge zur Naturkunde, Heft 40, 1996

Seite 97: zitiert nach Heinrich Prell, entnommen aus: Ulrich Schmidt: Auf gläsernen Schwingen, Schwebfliegen, Stuttgarter Beiträge zur Naturkunde, Heft 40, 1996

Seite 108: zitiert nach K. Escherich. Die Forstinsekten Mitteleuropas, Band 2, Verlag Paul Parey, Berlin, 1923

Seite 117: zitiert nach Pastor Wilhelm, 1796, entnommen aus M. Keil: Käferleben, Edition Lebendiges Wissen, Hirt-Reger Verlagsgesellschaft, Stuttgart, 1986

Seite 123: zitiert nach Bernhard Klausnitzer: Wunderwelt der Käfer, Spektrum Akademischer Verlag, Heidelberg, 2002

Seite 142: zitiert nach Paul Sorauer: Handbuch der Pflanzenkrankheiten. Tierische Schädlinge an Nutzpflanzen, Band 4, Teil 1, Verlag Paul Parey, Berlin, 1925

Wir engagieren uns noch stärker für den Klimaschutz!

Seit mehr als 15 Jahren drucken wir unsere Bücher weitestgehend auf Recyclingpapier und versuchen damit, eine ressourcenschonende und umweltfreundliche Buchproduktion zu ermöglichen.

In den letzten Jahren ist der Klimawandel mit seinen weitreichenden Folgen für uns und vor allem unsere nachfolgenden Generationen immer mehr zum Thema geworden. Die Auswirkungen sind bereits jetzt spürbar – Wetterextreme, sich verschiebende Jahreszeiten, Erderwärmung. Auch wenn diese Entwicklungen nicht mehr völlig aufzuhalten sind, müssen wir – auch als Verlag – aktiv werden.

Die *freiburger graphische betriebe,* die Druckerei, in der unsere Bücher produziert werden, beteiligen sich an der Klimainitiative der Druck- und Medienverbände Deutschland und bieten die Möglichkeit, Buchproduktionen klimaneutral herstellen zu lassen. »Klimaneutral« bedeutet den Ausgleich von Treibhausgasen bzw. die Neutralisation durch die Einsparung einer bestimmten CO_2-Menge an anderer Stelle. Da die Wirkungen des Treibhauseffektes global schädigen, ist es irrelevant, an welchem Ort der Welt Emissionen entstehen und wo sie dann letztendlich eingespart werden. Der gesamte Prozess des Ausgleiches von Treibhausgasen basiert auf dem Kyoto-Protokoll von 1997.

Wir haben nun die Möglichkeit, für jedes Druckprodukt den genauen Wert des CO_2-Ausstoßes, der auf den Produktionsprozess in der Druckerei und deren Materialeinsatz zurückzuführen ist, zu ermitteln. Mit Hilfe eines vom Bundesverband der deutschen Druckindustrie entwickelten Rechners, mit dem viele Faktoren erfasst werden – Energieverbrauch, Farbe, Papier, Transportwege oder Einsatz von Personal – wird am Ende der Buchproduktion ein Wert ermittelt, der die relevante Wertschöpfungskette für die technische Herstellung des Buchs umfasst und den durch die Produktion verursachten CO_2-Ausstoß nachweist.

Für diesen Wert bezahlen wir als Verlag einen Ausgleich, der dann in anerkannte und zertifizierte Klimaschutzprojekte fließt. Die Zertifizierung erfolgt durch die Organisation *firstclimate* (www.firstclimate.com) und wird durch das Logo »Print CO_2« angezeigt.

Die aus dem Druck dieses Buchs resultierende Klimaabgabe fließt in ein Windparkprojekt in der Marmara-Region in der Türkei.

Das Projektgebiet liegt in der Marmara-Region an einem Höhenrücken etwa 350 m über Meereshöhe, nahe der Dörfer Elbasan und Çatalca unweit Istanbuls. Im Rahmen des Projekts werden 20 Windenergieanlagen mit einer Nennleistung von je 3 MW errichtet.

Nach dem Vorbild der Natur

Cornelia Blume:
Die Streuobstwiese
ISBN: 978-3-89566-273-7

Natalie Faßmann:
Auf gute Nachbarschaft
ISBN: 978-3-89566-257-7

Dettmer Grünefeld:
Das Mulchbuch
ISBN: 978-3-89566-218-8

Sofie Meys:
Schneckenalarm!
ISBN: 978-3-89566-227-0

Lebensraum Garten

Wolf Richard Günzel:
Das Insektenhotel
ISBN: 978-3-89566-234-8

Wolf Richard Günzel:
Der hummelfreundliche Garten
ISBN: 978-3-89566-276-8

Werner David:
Von Fallenstellern und Liebesschwindlern
ISBN: 978-3-89566-267-6

Ulrike Aufderheide:
Rasen und Wiesen im naturnahen Garten
ISBN: 978-3-89566-274-4

Gesamtverzeichnis bei:
pala-verlag, Rheinstraße 35, 64283 Darmstadt, www.pala-verlag.de

ISBN: 978-3-89566-277-5

Rheinstraße 35, 64283 Darmstadt
www.pala-verlag.de

Umschlag- und Innenillustrationen: Karin Bauer
www.karin-bauer.com

Lektorat: Angelika Eckstein

Satz und Gestaltung: Verlag Die Werkstatt Göttingen
www.werkstatt-verlag.de

Druck: fgb • freiburger graphische betriebe
www.fgb.de
Printed in Germany

Dieses Buch ist auf Papier aus 100 % Recyclingmaterial gedruckt und klimaneutral produziert.